南斯拉夫史

巴爾幹國家的合與分

洪茂雄——著

國家圖書館出版品預行編目資料

南斯拉夫史：巴爾幹國家的合與分 / 洪茂雄著.－－三
版一刷.－－臺北市: 三民, 2019
面；　公分.－－(國別史叢書)

ISBN 978-957-14-6592-0　(平裝)

1. 南斯拉夫 2. 歷史

749.311　　　　　　　　　　　　　　　108002505

© 　南斯拉夫史
　　　——巴爾幹國家的合與分

著 作 人	洪茂雄
發 行 人	劉振強
著作財產權人	三民書局股份有限公司
發 行 所	三民書局股份有限公司
	地址　臺北市復興北路386號
	電話　(02)25006600
	郵撥帳號　0009998-5
門 市 部	(復北店) 臺北市復興北路386號
	(重南店) 臺北市重慶南路一段61號
出版日期	初版一刷　2005年4月
	三版一刷　2019年3月
編　　號	S 740470

行政院新聞局登記證局版臺業字第○二○○號

有著作權‧不准侵害

ISBN　978-957-14-6592-0　　(平裝)

http://www.sanmin.com.tw　三民網路書店
※本書如有缺頁、破損或裝訂錯誤，請寄回本公司更換。

僅以此書獻給我最親愛的母親

洪蔡省 女士

三版序
紅色共產黨帝國的崩潰

　　本書出版的目的，一來可溫故知新，從歷史經驗中得到教訓；二來又可幫助讀者瞭解共產主義在巴爾幹半島的發展歷程，認識其與蘇聯在本質上的異同。茲舉數例做為佐證：

　　一、南斯拉夫共產黨率先發難，與史達林決裂，隨後南共被逐出共黨情報局；未料地處巴爾幹半島的南斯拉夫聯邦也步上蘇聯後塵，宣告全面性分裂。

　　二、中蘇共展開一系列理論和領導權鬥爭，使得共產主義陣營四分五裂，所謂克里姆林宮一元領導，名存實亡。

　　三、其他較小紅色政權如匈牙利、捷克和波蘭，也敢向莫斯科老大哥挑戰，分別採行各有特色的改革模式，令人刮目相看。這些國家當中，以捷克和波蘭最受肯定。

　　準此以觀，不難從中找到兩點寶貴的結論：其一，波海三小國，由民間力量所築成連結三國首都長達二百公里人鏈，竟然使蘇聯這個超級大國從地球上消失；其二，由東歐紅色政權建立的經互會和華沙公約組織，在不到半個世紀的競爭下，敵不過歐盟和北約組織，甘敗下風，最終解體，轉而融入歐洲

大家庭。

　　本書的再版，期能有助讀者瞭解此一發展歷程，並從中獲得體悟。

洪茂雄謹識

2019 年 2 月

於臺北萬隆寓所

增訂二版序

　　這本南斯拉夫史的初稿是 2004 年完成，從 2004 年至 2011 年短短七年當中，在巴爾幹半島又有一些頗引人關注的變化。舉凡：其一、斯洛文尼亞於 2004 年正式成為歐盟會員國；克羅埃西亞於 2011 年 6 月獲歐盟高峰會議首肯，可望 2013 年繼斯洛文尼亞之後成為歐盟新成員。其他前南斯拉夫共和國如馬其頓、塞爾維亞和黑山先後於 2004 年、2008 年向歐盟提出入會申請。雖然加入歐盟的時間表尚不明朗，但是這些多民族的巴爾幹國家融入歐洲大家庭乃時勢所趨，對南斯拉夫解體後的政經發展具有穩定的作用。其二、1992 年由塞爾維亞和黑山組成的南斯拉夫聯盟共和國，又走向分裂；黑山在 2006 年 5 月經由獨立公投與塞爾維亞和平分離，並獲准加入聯合國；原屬塞爾維亞境內自治省的科索沃則於 2008 年 2 月擅自宣布獨立，立即得到國際社會承認，且在 2010 年 7 月 22 日海牙國際法庭裁定「科索沃的獨立沒有違反國際法」，創下先例，使這個殘餘南斯拉夫壽終正寢，走入歷史。其三、當南斯拉夫分崩離析之際，標榜大塞爾維亞主義的頭號領袖米洛塞維奇 (Slobodan Milošević) 及其戰友，也就是波黑塞族共和國領袖卡拉季奇 (Radovan Karadžić) 和姆拉迪奇 (Ratko Mladic)，以及位於克羅埃西亞境內的克拉伊納 (Krajina) 塞族領袖哈季奇

(Горан Хаџић)，儘管他們一段時間受到塞族的擁戴，但因內戰期間殺害無辜手段殘忍，乃以違反人類、反人道等戰爭罪行遭國際刑事法庭下令通緝，即使後三者隱姓埋名十多年，都難逃法網，送進海牙受審。由此觀之，凡是策動戰爭，製造流血衝突的軍政領袖，終將受到法律制裁，沒有好下場。

　　本書再版之時，前八章以不更動為原則，後九、十、十一章，因為巴爾幹地區發生了一些重大變化，有必要增訂補充，俾有助讀者更清楚掌握南斯拉夫解體後的新發展。

洪茂雄謹識

2011 年 8 月 1 日

於臺北萬隆寓所

序　言

　　1968～1979年期間，作者曾在慕尼黑大學修讀東歐歷史課程。當時，東歐各國仍是共產黨統治下的所謂「鐵幕國家」，但對作者來說，因在臺灣受到「反共」教育的影響，故對東歐國家一來多少有一點神祕感，心存警惕，敬而遠之；二來因有志從事東歐研究，乃不死心，有股一探究竟的衝動，何不實地去觀察共產統治國家的真面目。因此，儘管那時赴歐留學生的護照在前往國家一欄上都蓋有「除共黨國家外的歐洲各國」這個戳印，作者還是不去理會這種剝奪「行動自由」的限制。早在1969～1971年間先後前往捷克、匈牙利和東德旅遊，唯其他東歐國家直到1991年全面走向民主化之後，才讓作者又強烈燃起前往東歐進行短期觀察的念頭，希望能夠深入瞭解東歐共黨政權劃時代的演變之後，有那些值得大書特書之處。

　　1991年6月底，也就是從臺北經由前蘇聯領空，直飛維也納的航線剛通航不久，作者特別挑選由一級方程式賽車好手勞達(Niki Laudal)所經營的勞達航空公司，帶著淡江大學歐洲研究所六名研究生，由臺北直飛維也納。從地理位置來看，這個有「音樂之都」之稱的維也納，是通往東南歐國家的交通捷徑。正因為東歐共黨政權剛剛和平演變，其駐外使領館也得要配合「非共化」

新政府的開放政策。所以我們一行人在維也納一個星期之內,即辦妥匈牙利、羅馬尼亞和保加利亞等國的入境簽證;阿爾巴尼亞的簽證,我們出乎意料,在索非亞申請時立即取得;而南斯拉夫的簽證,雖然斯洛文尼亞和克羅埃西亞於 6 月 25 日宣布獨立,引爆南國內戰,但仍維持在邊界簽發簽證的規定,使我們得以進入南斯拉夫實地觀察。不過,當時南斯拉夫內戰方起,我們一行人心中還是感到害怕,不太敢冒這個險,最後以安全為重,而未考慮把南斯拉夫列入旅遊行程。

1991 年 6 月南斯拉夫情勢劍拔弩張之際,由西歐開往希臘和土耳其的火車曾一度因南國內戰而中斷。很巧的是,當我們一行人 7 月中由索非亞搭乘火車準備經由馬其頓前往阿爾巴尼亞途中,在塞爾維亞第三大城尼士 (Niŝ) 車站轉車時,忽然間看到來自伊斯坦堡前往德國的歐洲列車,乍問之下,才知道由西歐通往希臘、土耳其的歐洲列車又暢通無阻,使作者得有機會首次踏上這個有「火藥庫」之稱的巴爾幹,已存二十餘年的宿願,總算美夢成真。此行算是很幸運,一路上從馬其頓首府斯科普里至馬阿邊界,再搭上計程車赴阿爾巴尼亞首都迪拉那;四天後,由迪拉那雇專車到阿國與黑山邊界;當時,阿爾巴尼亞正逢共黨政權垮臺,局勢不穩,內陸交通停擺,我們只好多花三四倍的錢,乘計程車至邊界。由阿國至黑山邊界,我們也很快在入黑山關口取得南斯拉夫入境簽證,隨即花了二十五美元,直奔黑山首都狄托市 (Titograd,現又恢復原名,稱波多哥里查 Podgorica);然後,再從這個僅僅六十萬人口的巴爾幹小國,乘火車到塞爾維亞首府貝

爾格萊德 (Belgrad)、克羅埃西亞首府札格雷布 (Zagreb)，和斯洛文尼亞首府盧布黎亞那 (Ljubljana)。前前後後，約兩個星期，一方面親眼目睹巴爾幹風土人情；二方面也觀察到南斯拉夫分崩離析之前，風雨欲來時的短暫寧靜；三方面又在克羅埃西亞和斯洛文尼亞火車沿途中，看見軍人荷槍嚴密守衛，以及某些地點為流血衝突的死難者獻上花圈，此時此刻更令人深感「和平」的可貴。

2000 年 6 月底，也就是 1999 年 1 月 27 日我國與馬其頓建交之後，作者又有了一次機會，帶領南華大學歐洲研究所師生一行七人，再回到闊別將近十年的巴爾幹國家。此行與 1991 年所見所聞，已大異其趣，最大的差別：其一，南斯拉夫由一個國家變成五個主權獨立國家；其二，由米洛塞維奇領導的南聯盟，因揭櫫「大塞爾維亞主義」，在 1992～1995 年克羅埃西亞和波士尼亞挑起民族衝突在先，再於 1998 年在科索沃進行鎮壓阿爾巴尼亞族於後，導致北約動用武力制裁塞爾維亞；其三，克、斯二國獨立之後，政治發展欣欣向榮，令人刮目相看；其四，塞爾維亞遭受北約武力重創後，欲振乏力，政局不穩；波黑和馬其頓內部因族群矛盾猶深，仍亟需國際維和部隊駐守，始能維繫和平。這次巴爾幹之行，原本計畫從馬其頓經貝爾格萊德，再重返克、斯兩國。可是，當我們在斯科普里南聯盟大使館申請簽證時，卻碰了釘子，使領館簽證官很不禮貌，拒絕我們的簽證申請，掃興之餘，愈感到這種尚未擺脫獨裁統治路線的國度，沒什麼好去的，只好改搭飛機，赴札格雷布。此次重遊克羅埃西亞和斯洛文尼亞，深深體會到這兩個國家不愧是巴爾幹最進步的國度，它們已從共黨統治

的深淵解放出來，正展現生機活力，尤其斯洛文尼亞更予人有「小而美」的感覺。

　　「南斯拉夫」一詞，雖然意即「南部斯拉夫人居住的地方」，但就其地緣因素和歷史發展來看，「南斯拉夫」這個概念，卻標誌著多樣性的涵義：第一，在「巴爾幹」「多山」的地理條件下，使早期遷徙而來的民族，逐漸形塑多樣性，至今巴爾幹半島上共居住有二十四個大大小小的族群；第二，以巴爾幹半島為主體的前南斯拉夫，是歐亞交通要道，戰略地位重要，成為兵家必爭之地，致使歷史上先後被羅馬帝國、拜占庭帝國、鄂圖曼帝國和奧匈帝國統治過，無形中孕育有不同統治階段的典章制度，東西文化並陳，展現多采多姿；第三，由於此一地區存在著「多民族、多宗教、多外力」的複雜性，導致巴爾幹動亂頻繁，史家遂有「火藥庫」之嘆。南斯拉夫解體的衝擊，正應驗這個事實；第四，第二次世界大戰之後，東西方冷戰期間，狄托是倡導「不結盟運動」的三巨頭之一（另外兩位為印度的尼赫魯和埃及的納塞），曾為南國在國際社會的能見度揚眉吐氣。不幸南斯拉夫卻也隨著東西方冷戰的落幕，隨之分崩離析，最後終和蘇聯一樣，走入歷史。

　　本書共分三篇十一章：第一篇為巴爾幹歷史發展的複雜性，包括有巴爾幹半島自然地理和民族起源、從羅馬帝國到拜占庭帝國、鄂圖曼帝國征服時代和哈布斯堡王朝對鄂圖曼帝國的挑戰等四章；第二篇為現代南斯拉夫的崛起，分別介紹十九世紀各民族獨立建國運動、從巴爾幹戰爭到第二次世界大戰和狄托領導下的南斯拉夫共黨政權等三章；第三篇為南斯拉夫走向衰亡，包含南斯拉夫解體的內外在因素和影響、後共產主義時期前南斯拉夫各

共和國發展情勢、國際社會對南聯盟之態度、邁向民主化回歸歐洲社會等四章。撰寫本書的目的，是希望藉著通俗簡要的敘述，把巴爾幹的歷史演變附上圖片，使之更有可讀性。在瀏覽此書之餘，也能引發一些思古幽情，歐陸史上羅馬、拜占庭、鄂圖曼和奧匈諸帝國均在巴爾幹地區留下鮮明的歷史痕跡。這些歷史記載，不難從上述各帝國史找到較詳細的描述。為了補充國內有關巴爾幹歷史著作的不足，第三篇介紹南斯拉夫走向衰亡，正可把巴爾幹歷史發展的全貌，呈現在讀者面前。

作者 1980 年 2 月返國，回到母校世新大學服務；隨後，轉到國立政治大學國際關係研究中心擔任研究工作直到退休。東歐區域研究乃是作者長期以來最感興趣並時時關注的領域。得有機會和國內讀者分享研究心得，必須要感謝楊傳裕、陳建銘、黃曉薇、朱志欽等研究生從旁協助整理；他們都曾隨作者到過巴爾幹國家，或多或少懷有一份「親臨其境」的感情。再者，內人張貴桑和助理張書瑜、楊蕙嘉、張順棋和王俊評等人的幫忙校對，使這本書的瑕疵降至最低點。

當然，此書之出版，最該感到榮幸的，是承蒙三民書局的邀稿。劉振強總經理很有文化人的眼光，準備出版上百冊一系列世界各國史綱的通俗讀本，讓國人更瞭解整個世界，誠令人由衷感佩。本書內容不可能盡善盡美，尚請讀者不吝指正。

洪茂雄謹識

2005 年 3 月 4 日

於政大國際關係研究中心

南斯拉夫史
巴爾幹國家的合與分

目 次 | *Contents*

Yugoslavia

第 1 篇

巴爾幹歷史發展的複雜性

巴爾幹半島自然地理和民族起源

　　長期以來，巴爾幹 (Balkan) 一詞在人們心目中一直是個謎，似乎總有一層神祕的面紗籠罩著它。其實，它本身並不神祕，「巴爾幹」一詞源於土耳其語對保加利亞一座山的稱呼，其意為森林覆蓋的山脈。

　　關於巴爾幹的範圍存在兩種說法，一種是「核心說」，視巴爾幹為一半島，包括今阿爾巴尼亞、保加利亞和希臘的全部，原南斯拉夫 (Yugoslavia) 的大部，羅馬尼亞的多布羅加地區以及土耳其的歐洲部分（東色雷斯）。按此說法，巴爾幹以二河六海為界，北面二河，自西向東為薩瓦河 (Sava R.) 接多瑙河 (Danube R.)，三面六海是：西臨亞得里亞海和愛奧尼亞海，南臨地中海和愛琴海，東臨馬摩拉海和黑海。另一種是「東南歐說」，視巴爾幹為一地區，除以上所述外還應包括多瑙河流域（匈牙利、羅馬尼亞）、小亞細亞和地中海東部（塞浦路斯）。歷史上，匈牙利可以歸類為巴爾幹國家，因為它在王國時期和奧匈帝國時期，曾兼併克羅埃西亞達八個世紀之久 (1102～1918)；匈牙利全盛時期的領土西起亞

得里亞海，東迄喀爾巴阡山；匈牙利曾為抗擊土耳其人入侵巴爾幹作過貢獻，但也曾在奧匈帝國時期助紂為虐欺壓巴爾幹國家。至於塞浦路斯，由於其居民由希、土兩族組成，被巴爾幹各國視為屬於巴爾幹範圍，不過在第二次世界大戰以後，人們一般都把巴爾幹範圍限於（原）南、阿、希、保、羅、土這幾個國家。

巴爾幹地處歐、亞、非三大洲的交通要衝，是歐洲經地中海、紅海到印度洋和太平洋，以及俄國經黑海到地中海的必經之路。博斯普魯斯、達達尼爾兩個海峽像兩把鎖鑰控制著黑海到地中海的門戶，使歐亞兩洲隔水相望，近在咫尺。這個地區的地理位置乃古今兵家所必爭，其戰略意義不言可喻。

第一節　自然地理概況

巴爾幹半島 (Balkan Peninsula) 是歐洲南部三大半島之一，地處南歐東部及歐、亞、非三大陸之間，是聯繫歐、亞的陸橋，東有博斯普魯斯海峽和達達尼爾海峽扼黑海的咽喉，南臨地中海重要航線，地理位置極為重要。北以多瑙河、薩瓦河（西至的里雅斯特）為界，西臨亞得里亞海，東瀕黑海，東南隔黑海和馬摩拉海與亞洲相望，南濱愛奧尼亞海和愛琴海。面積約五十點五萬平方公里，包括阿爾巴尼亞、保加利亞、希臘的全部、南斯拉夫的大部及羅馬尼亞、土耳其的一小部分領土。

半島地形以山地為主，「巴爾幹」土耳其語意即多山，主要有西部的迪納拉—品都斯山系和中東部的喀爾巴阡—老山(巴爾幹)

山系。前者西北－東南走向貫穿半島西部，在南斯拉夫境內稱迪納拉山脈，主要由石灰岩構成，由於水的溶蝕和侵蝕，形成許多裂隙、溶洞和溶蝕盆地以及地下河系統；地面乾旱、岩石裸露，尤以西北部的喀斯特高原最為典型。往南在阿爾巴尼亞境內，山勢高峻，南段多深邃峽谷。再往東南在希臘境內為品都斯山脈，向南轉向東形成伯羅奔尼撒半島和克里特島等。其間，最高峰奧林帕斯山，海拔二千九百一十七公尺。老山山脈是阿爾卑斯－喀爾巴阡山脈的延伸，經南斯拉夫東部，橫貫保加利亞中部，直臨黑海。以上兩列山系之間是古老的羅多彼山脈和馬其頓山叢，久經侵蝕，山勢崎嶇，海拔從最高二千九百二十五公尺的穆柯拉峰到多瑙河平原一百公尺以下。

巴爾幹半島除多瑙河、薩瓦河外，還有很多短小湍急的河流，較大的湖泊包括斯庫臺湖、奧赫裏德湖、普雷斯帕湖，水利資源豐富。從整體上看，巴爾幹半島處於西歐海洋性氣候和東歐大陸性氣候的交會過渡地區，包括溫帶濕潤大陸性和亞熱帶地中海的氣候條件。

從地圖上看，這個半島是中東歐洲唯一為群山和海洋圍繞的地區，但從古至今，它不但沒有成為亞洲與西方之間的障礙，反而是一座橋梁。巴爾幹半島作為歐洲東南隅的門戶，也是控制北非、中東、中亞地區的前沿，而且通過蘇伊士運河進入紅海即通達印度洋。這一地理位置決定了巴爾幹半島作為戰略要衝和兵家必爭之地的地位。所以，雖然巴爾幹半島具有輝煌的古代文明，但是至今仍然是歐洲最落後的地區，因為它始終是無盡無休衝突

的中心。

第二節　古代的巴爾幹歷史

一、世界文明發祥地

　　古代巴爾幹半島地區和愛琴群島就有人居住，而位於巴爾幹半島南端的希臘，是人類古代文明的搖籃之一。在數千年以前，以幼發拉底河和底格里斯河流域、尼羅河流域、印度河流域、黃河流域孕育的古代大河流域文明交相發生時，在希臘的克里特島出現了海洋類型的米諾斯文明。

　　克里特島的米諾斯文明長期存在於荷馬史詩的《伊里亞德》和《奧德賽》中而被人們視為遠古的民間傳說，直到十九世紀末，因為從考古中發現了米諾斯文明的輝煌，如大型宮殿繪畫、排水系統、祭壇、神廟等，使西元前十六～前十五世紀的愛琴海文明昭然於世。

　　從西元前 2000 年開始，居住於歐亞大陸腹心地帶的游牧民族不斷的遷徙，已分布在從多瑙河平原到奧克蘇斯河和賈哈特斯河流域的廣闊地區。他們以這片廣闊地區為根據地，日益威脅世界上各文明發祥地，如中東、巴爾幹半島和印度河流域。

　　位於巴爾幹半島最南端的希臘，是歐洲古典文明最早的發源地。希臘在西元前八～前六世紀間開始對外擴張，人民活躍走向海洋。大量希臘人移居到地中海東部和黑海的沿岸地區。希臘移

民到達這些地方後，立即築起城池、分配土地，並帶入希臘的政治制度、階級結構、財產關係乃至文化藝術和生活習俗。新建的城市中，有各種各樣的建築物：住宅、圓形劇場、音樂廳、體育場等等。城市的中心通常是地面用大理石鋪成，周圍有石柱和雕像裝飾的市民廣場。

　　城邦剛建立的時候，都具有農業的性質，移民搶佔了當地居民的土地，並從當地獲取奴隸。他們從事貿易活動，在當地部落和希臘各地之間做生意。除了與當地居民進行貿易之外，在政治上也建立了一定的聯繫。希臘文明經由移民與當地居民的生活交往，在巴爾幹半島落地生根。巴爾幹半島的土著居民通過與希臘人的接觸，學會使用貨幣、改進冶鐵的技術、懂得製造陶器，生產力因而得到提高，商業活動更加興盛。同時，希臘移民還為他們提供了組織政府之範例。

二、亞歷山大大帝的擴張

　　西元前六～前五世紀，波斯帝國征服了小亞細亞的希臘城邦，並威脅巴爾幹半島，波希戰爭隨之爆發。西元前 490 年，波斯軍隊在雅典西北的馬拉松登陸，雅典軍隊不僅打擊了入侵者，同時也促成希臘各城邦的聯合抗敵之路。十年以後，波斯人捲土重來，打敗斯巴達人統領的混合部隊並洗劫了雅典，但是雅典強大的海軍力量卻在愛琴海上佔據了優勢，迫使波斯人放棄對小亞細亞地區和希臘城邦的統治。雅典在波希戰爭中的重要作用，不僅進一步推動了雅典城邦本身的民主政體發展，同時也確立了它在希臘

各城邦中的權威地位。到西元前 450 年，以雅典為主的各希臘城邦聯盟形成雅典帝國。

雅典帝國初期的開明政體，促成希臘文明的繁榮發展。在哲學、宗教、文學、藝術等方面都取得了輝煌的成就，出現蘇格拉底、柏拉圖、亞里士多德、希羅多德、修昔底德、希波克拉底等眾多學者。

雅典帝國的繁盛和擴張，引起城邦的疑懼和反對，最終引發希臘的內戰。當斯巴達對雅典宣戰之後，希臘各城邦幾乎都捲入這場戰爭。日益孤立且受瘟疫襲擊的雅典於西元前 404 年向斯巴達投降，僅保留了一個城邦地位。西元前 338 年，巴爾幹半島馬其頓 (Macedonia) 王國大敗雅典一底比斯聯軍，侵入希臘。巴爾幹半島隨後於西元前 334 年置於馬其頓王國亞歷山大大帝的統治之下。

馬其頓到西元前六世紀形成國家之後發展得相當快，其原因主要是希臘文明對它產生了巨大的影響。馬其頓歷代國王都仰慕希臘的文明與繁榮，大量引進吸收希臘文化。菲力普二世決心要使馬其頓強盛起來，征服整個希臘，成為希臘世界之王。為了這個目的，他對馬其頓進行了一系列的改革：削弱貴族勢力、中央集權、改革貨幣、建立常備軍等。他還發明了新的作戰陣形——馬其頓方陣，士兵手持長矛，排列成縱橫密集的方形隊伍，方陣的前方和側翼配以重裝騎兵。這種方陣在作戰時威力無比。經過這樣一番改革，馬其頓迅速成為一個軍事強國，在這個基礎上，菲力普二世積極向外擴張，他後來不僅控制了整個希臘，還征服

了巴爾幹半島的其他地區。西元前 337 年，菲力普二世在科林斯召開了由希臘各城邦參加的泛希臘會議，迫使希臘各城邦接受馬其頓的領導地位。

菲力普二世遇刺身亡後，由他的兒子亞歷山大（前 336～前 323）繼位。亞歷山大將自己的版圖擴展到了多瑙河以南的廣大地區。在得到了巴爾幹半島的半壁江山後，亞歷山大還謀取東方的廣闊土地。西元前 334 年，他率領兩萬步兵、五千騎兵大舉東征。馬其頓軍隊像一幅畫卷一樣，以巴爾幹為畫軸，向富庶的東方鋪展而去。波斯帝國雖然是一個橫跨亞非兩洲的大帝國，但在西元前四世紀時內部危機嚴重，處在崩潰的邊緣。亞歷山大踏進波斯帝國後，如入無人之境。攻佔了小亞細亞、埃及，再經兩河流域橫掃波斯腹地，一直攻至印度河流域。一個跨三洲的無比龐大的馬其頓帝國就這樣在進展神速的軍事征服中被締造出來了。

西元前 323 年，亞歷山大大帝發燒死去，馬其頓帝國在失去了一位天才統帥後，其威力巨大的軍事力量頓時黯然失色。亞歷山大大帝的部將們乘機各據一方，佔地為王，這幅巨大壯美的畫卷頃刻間變得支離破碎了。巴爾幹半島重新獲得獨立，馬其頓人又縮回到他們原來的地方，由安提柯王朝統治，在一角苟延殘喘。

亞歷山大時期最大的特徵，就是希臘文化在中東地區的普及。希臘本土的衰微，使大量的希臘人移居中東地區，同時也使希臘文化更加廣泛的傳播開來。希臘的科學與中東早期文明成就的結合，促進科學事業的發展。而設在埃及的亞歷山大圖書博物館，成為歷史上最早由國家供給的科學研究院，整個地中海的學者紛

紛來到埃及。當時，雖然在哲學和宗教方面發生了古典希臘的現
世主義和理性主義向神祕主義和來世主義的轉變，但是在科學方
面取得的進步超過了十七世紀以前的任何時期。如數學方面歐幾
裏得的《幾何原理》；阿利斯塔克關於宇宙的「太陽中心說」；地
理學方面，埃拉託斯特尼對地球圓周周長的計算與實際數值的差
距只有二百五十哩，並沿用到十八世紀；醫學方面，加倫對人體
解剖學作出重大貢獻；力學方面阿基米德定理的產生等等。這些
輝煌的文明成就是希臘化過程與其他文明交融創新產生的結果。

三、羅馬帝國的征服

　　在馬其頓帝國威震四方的同時，在巴爾幹半島的西方，羅馬
正在興起。西元前三世紀初，它已經佔據了整個義大利半島，成
為一個強大的奴隸制國家。在奴隸制度下，奴隸主的財富是以奴
隸勞動為基礎的，擁有奴隸和土地的數量就是其權勢大小的標誌。
　　從西元前三世紀後期起，羅馬在地中海與迦太基進行布匿克
戰爭。羅馬軍隊一方面與腓力基人展開激烈的交戰，另一方面侵
入巴爾幹半島，進攻馬其頓。到西元前 168 年，馬其頓被征服。
羅馬軍隊在軍事行動中對當地造成了巨大的破壞， 僅伊庇魯斯
(Epirus) 一地就有七十多座城市被摧毀， 十五萬人成為奴隸。羅
馬軍隊又從義大利平原越過阿爾卑斯山，從北方攻入巴爾幹半島，
直至西元一世紀，羅馬軍隊經過艱苦戰鬥，在付出了巨大代價後
方取得了勝利。
　　巴爾幹半島被納入羅馬帝國的版圖以後，羅馬軍隊帶來的先

圖1：羅馬時代遺留的浮雕

進文明，使巴爾幹成了羅馬世界的一部分。農業的發展使巴爾幹半島收成增加。手工業的種類更多，技術更精湛，產品也越來越豐富。不僅當地的商品流通頻繁，而且還與羅馬帝國的其他屬地進行貿易。羅馬統治者在巴爾幹半島大興土木，重建或新建了許多城市。奴隸勞動不但使生產力得到巨大提高，且使當地的社會組織發生改變。由於當地居民大量淪為奴隸，在他們的土地上又建起了大莊園，因此，原來的部落消失。另一個重要的變化是當地居民的拉丁化（羅馬化）。羅馬人大量移居到巴爾幹半島，與當地的居民生活並帶入語言、信仰、風俗習慣等等，拉丁語成為通用的官方和民間語言，羅馬神被許多人所信仰。羅馬人與當地居民通婚，使後者逐漸失去了自己的種族特性。所有這一切都說明，巴爾幹半島從此完全跨出了原始狀態，邁入了較文明社會。

第三節 巴爾幹各民族形成背景

一、民族大遷徙

從西元三世紀開始，歐亞大陸出現了由東至西的民族大遷徙浪潮。推動這股浪潮的重要動力之一，是來自亞洲腹地的匈奴人。這股民族遷徙浪潮對於巴爾幹半島最直接的影響是改變了民族結構，從而也奠定了巴爾幹半島各民族長期共存的歷史基礎。西元六世紀的民族遷徙浪潮是由東方游牧民族阿瓦爾人（the Avars，也就是柔然人）推動的，他們也是以匈牙利平原為基地而四處出擊。民族遷徙浪潮中，斯拉夫人除向西南方進入巴爾幹半島外，西向則越過維斯杜拉河而進抵易北河，形成了後來的汪達爾人、波蘭人、捷克人、斯洛伐克人等，稱西斯拉夫人。而巴爾幹半島的斯拉夫人則逐步形成了聚居於亞得里亞海仰角的斯洛文尼亞人，聚居於德拉瓦河 (Drava R.) 與亞得里亞海之間的克羅特人，聚居於亞得里亞海和多瑙河之間巴爾幹半島中部的塞爾維亞人，聚居於黑海西岸地區的保加爾人，這些人統稱南斯拉夫人。因此，七世紀時，巴爾幹半島上的種族分布已基本形成了現在的格局：希臘人在南部，阿爾巴尼亞人在西部，羅馬尼亞人在東北部，斯拉夫人則居住在從亞得里亞海到黑海的廣闊地帶。

二、古代巴爾幹民族的分化與形成

巴爾幹複雜多樣的地理環境，不利於各個分散居民區的融合，也不利於實行大面積的統治管轄，這在一定程度上助長了巴爾幹各國的民族分裂主義傾向，使巴爾幹的民族發展產生了巨大的變化。

巴爾幹的原始部落是伊利里亞人和色雷斯人，他們分別居住在半島的西部和東部，南部生活著希臘人。除此之外，克爾特人、羅馬人、日耳曼人、斯拉夫人、義大利人、土耳其人、諾曼人、法蘭克人、中亞游牧人、馬札爾人、保加爾人都在這塊土地上留下了自己的蹤跡。他們有的是土生土長，有的是從外遷來定居，有的被同化了，有的則是來去匆匆的歷史過客。而影響最大的當數斯拉夫人，他們於西元六～七世紀，大概是在中亞游牧民族的驅趕或裹脅之下，從黑海以北的草原地帶遷移進來，佔據了絕大部分巴爾幹內地的農田，他們同化了色雷斯人和伊利里亞人，把住在南部的希臘人排擠到沿海地區和島嶼上，把住在北部講拉丁語的羅馬行省居民排擠進了山區，從而決定性地改變了巴爾幹的居民結構。

現在的巴爾幹各國中，南斯拉夫各族和保加爾人是斯拉夫族，阿爾巴尼亞人是古伊利里亞人的後裔，羅馬尼亞人是達契亞族與羅馬人的後裔，希臘人自成一族，土耳其人是突厥族。而隨著民族的歷史演化，巴爾幹地區逐漸形成幾個國家，就目前來看，該地區共有十二個國家，分別是塞爾維亞、黑山、斯洛文尼亞、克羅埃西亞、北馬其頓、波士尼亞－黑塞哥維那、科索沃、保加利

圖 2：六世紀的民族遷徙

亞、阿爾巴尼亞、羅馬尼亞、希臘、土耳其。以下將分別介紹巴
爾幹半島各個民族的早期歷史及形成背景：

㈠阿爾巴尼亞族、羅馬尼亞族、保加利亞族

1.阿爾巴尼亞族（伊利里亞人）

　　阿爾巴尼亞人是巴爾幹半島上的古老居民伊利里亞人的後
裔。西元前六～第七世紀希臘人就在阿爾巴尼亞沿海一帶建立一

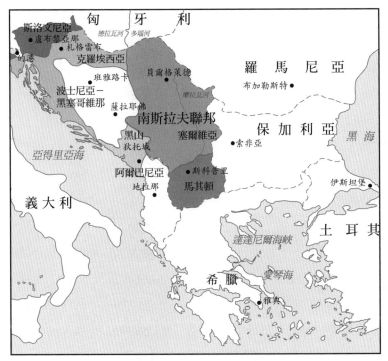

圖 3：巴爾幹地區的國家

些殖民城邦（現今的都拉斯、萊什和費裏等地附近）。西元七世紀以後，巴爾幹半島大部分地區逐漸斯拉夫化，而阿爾巴尼亞地域上的伊利里亞人借助山區有利的地形和古老的文明，保持了本民族的語言和傳統。九世紀後，雖曾分別受到拜占庭帝國、保加利亞王國、塞爾維亞帝國和威尼斯共和國的統治，但在 1190 年，於內地山區終於建立獨立的阿爾巴尼亞公國，從此出現了阿爾巴尼亞人這一稱謂。

　　從十五世紀開始延續近五百年的鄂圖曼帝國的統治，既延遲

了這一地區的社會發展，也使阿爾巴尼亞民族結合的過程受到阻礙。伊斯蘭教、土耳其人的東方文化在民族壓迫的條件下迅速推廣，阿爾巴尼亞人幾乎全都改其宗教信仰，成為伊斯蘭教徒。再加上長期處於土耳其封建主許多小巴夏❶區的割據統治下，到十七世紀前後，共同的民族意識已見淡薄。十八世紀，阿爾巴尼亞地域上的許多小巴夏經過相互兼併的過程，形成了兩個大巴夏。從此，逐漸發展成阿爾巴尼亞人的兩個集團，和不同的文字語言。如什昆河北部的蓋格人大多從事高山放牧；什昆河南部的托斯卡人經濟文化較發達，主要從事農業；他們至十九世紀開始形成自己的文學語言。十九世紀下葉，阿爾巴尼亞民族解放運動日益高漲。1910～1911 年，阿人民連續舉行起義，終於在 1912 年擺脫鄂圖曼帝國的統治，建立獨立的阿爾巴尼亞國家。此後，第二次世界大戰中在工人階級政黨領導下進行反抗法西斯入侵者的鬥爭，並於 1946 年成立阿爾巴尼亞人民共和國。

2.羅馬尼亞族（達契亞人）

羅馬尼亞人的先民主要由當地的古代居民達契亞人和羅馬人結合而成。西元前七世紀希臘人曾在其東部黑海沿岸地區建立一些殖民城邦，促進了達契亞人經濟文化的發展。西元前一世紀，達契亞人的首領布雷比斯塔在部落聯盟的基礎上，以特蘭西瓦尼亞的數勒斯蒂耶山區為中心，建立起地域遼闊的中央集權國家。然而在羅馬帝國皇帝圖拉真於 105～106 年發動的第二次達契亞

---

❶　源自土耳其語 Pasha，有行政長官兼掌軍權之意。

戰爭中,達契亞人的國家終於被羅馬大軍征服。達契亞地處黑海西岸和多瑙河河口,是亞洲游牧民族進入歐洲的要衝。羅馬帝國把它作為防禦蠻族入侵的戰略要地,在此設立達契亞行省並駐紮大軍。七世紀,大批斯拉夫人在此定居下來,並很快被羅馬化的達契亞人所同化。同時,斯拉夫人也在政治、經濟、語言文化等方面帶來一些斯拉夫的因素,使羅馬尼亞人成為唯一信奉東正教的羅曼語民族。羅馬尼亞語大體在十世紀定型,並逐漸在羅馬尼亞人居住的幾個封建國家形成通行語言。

羅馬尼亞東南部的多布羅加在八～十三世紀先後處於第一保加利亞王國和拜占庭的政治勢力之下。喀爾巴阡山以西和以北的特蘭西瓦尼亞地區從十一世紀開始處於匈牙利王國的政治影響下。喀爾巴阡山以東的摩爾多瓦和以南的瓦拉幾亞兩個地區在十三世紀以前都曾受到欽察汗國的統治。十三世紀末和十四世紀初,匈牙利王國和欽察汗國由於內訌而衰落,在現今羅馬尼亞地域上興起了瓦拉幾亞(亦稱羅馬尼亞)、摩爾多瓦、多布羅加等羅馬尼亞人的公國。

瓦拉幾亞和摩爾多瓦在 1861 年合併為羅馬尼亞國。1877 年由於站在俄羅斯這邊對土耳其作戰獲得勝利,而得以擺脫鄂圖曼帝國的統治。1918 年第一次世界大戰後,西歐列強在戰爭中力量耗盡,奧匈帝國崩潰,列寧宣告被壓迫民族擁有自決權,美國總統威爾遜在鞭長莫及的情況下也對東歐弱小民族行使自決權表示支持。於是,特蘭西瓦尼亞、比薩拉比亞等地方得以回歸羅馬尼亞,最終形成了統一的羅馬尼亞國家。

3.保加利亞族（保加爾人）

保加利亞人的祖先主要是古代的斯拉夫人、保加爾人和色雷斯人，此外還吸收了哥德人 (Goths)、匈奴人、希臘人、貝琴涅格人、波洛維茨人等許多民族成分。西元前，居住於現今保加利亞的色雷斯人，曾處於馬其頓帝國統治下。西元一～四世紀又臣服於羅馬帝國。西元六～七世紀，人數眾多的斯拉夫部落分別從匈牙利和南俄草原遷來。670 年操突厥語的游牧民族保加爾人也經南俄草原至此。為抗拒拜占庭帝國的巨大壓力，斯拉夫人與保加爾人聯合在一起，於 681 年共同建立斯拉夫保加利亞王國，彼此逐漸融合。保加爾人在游牧和戰爭環境中形成的中央集權組織對王國的發展起了積極作用，而斯拉夫人則在語言文化上佔了上風。特別是 869 年從拜占庭接受基督教並定為國教後，拜占庭傳教師基里爾和美多德二人到保加利亞用斯拉夫語傳教，並創造了斯拉夫字母，從而更促進了全國斯拉夫化的過程。到九世紀末，斯拉夫人與保加爾人已共同形成操斯拉夫語的保加利亞人，被視為南部斯拉夫民族之一。十二世紀建立的第二保加利亞王國經濟和文化相當繁榮，成為當時古斯拉夫文明的中心。

十四世紀末，在鄂圖曼土耳其人的統治下，保加利亞人的語言文化受到摧殘。部分人（如波馬克人）改宗伊斯蘭教，但保持了原來的語言，也有少數人（如加告茲人）則保持了東正教信仰，但改操突厥語 。從西元 869 年 ，保加利亞決定從君士坦丁堡 (Constaintinople) 接受基督教開始，就建立了自己的大主教區，由本民族的大主教和主教掌管。這對維護保加利亞民族語言文化起

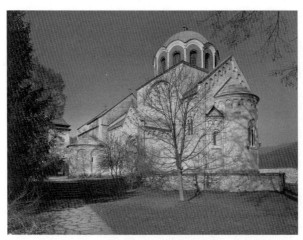

圖 4：斯圖列尼卡 (Studenica) 修道院　1191 年由史蒂
芬‧尼曼亞所建。

了重要作用，因此，絕大部分保加利亞人仍能保持本民族的語言
和傳統。十八世紀末，資本主義商品經濟加強地區間聯繫，進而
開始了民族復興的階段，隨即引發了多次反抗鄂圖曼帝國統治的
起義，到 1908 年最終建立起獨立的保加利亞王國。

㈡古代南部斯拉夫民族的形成

1. 塞爾維亞族（塞爾維亞人）

　　塞爾維亞人於西元七世紀間遷入巴爾幹半島，在西元八～十
一世紀間，受保加利亞王國和拜占庭帝國的統治。十二世紀下半
期，拉什卡的「大祖潘」（grand župani，由各部落共推的強
者；župani，是對部落首領的稱號）史蒂芬‧尼曼亞 (Stephen
Nemanya, or Stefan Nemanja, 1159～1196) 將兩區統一，推翻東羅
馬統治，建立了塞爾維亞的第一個國家組織，是為尼曼吉德王朝

圖 5：史蒂芬・杜山

(Nemanji'd Dynasty)。史蒂芬二世 (1196～1228) 即位後不久，第四次十字軍攻陷君士坦丁堡，建立「拉丁王朝」，他利用機會設法擺脫東羅馬帝國的控制，轉而向羅馬教廷聯繫，1217 年由羅馬教廷遣使為其加冕為塞爾維亞國王。

塞爾維亞的全盛時代，出現於十四世紀中葉，當時的國際環境對塞爾維亞的擴張頗為有利，史蒂芬・杜山 (Stephen Dushan, or Stefan Dušan, 1331～1355) 在位時乘機擴大領域，先後兼併馬其頓、阿爾巴尼亞以及伊庇魯斯和色西雷 (Thessaly) 等地，建立了巴爾幹地區的最大帝國，西至亞得里亞海，東至愛琴海，北至多瑙河，南至希臘半島的科林斯地峽 (Gulf of Corinth)。1346 年，杜山加冕為「皇帝」(Tsar)，並自上尊號為「塞爾維亞人、希臘人、保加利亞人和阿爾巴尼亞人之帝」(Tsar of the Serbs, Greeks,

Bulgarians and Albanians)。

　　杜山時代的塞爾維亞，是一個既似東羅馬帝國，也像西歐的封建社會，王權至高無上，貴族的勢力很大，其下為農奴。子尤羅施五世 (Urosh V, 1355～1367) 繼位，能力平庸，帝國瓦解，諸侯分立，尼曼吉德王朝告終。1459 年後塞爾維亞即為土耳其正式兼併，歷時三百五十年。十七～十八世紀，大批塞人因受土耳其迫害，向北遷徙，居住在當時屬於奧國的佛依沃丁那地區 (Vojvodina)，這就是 1974 年以後曾是南國的「佛依沃丁那自治省」的由來。

2.克羅埃西亞族（克羅埃西亞人）

　　克羅特人於六～七世紀間遷徙至巴爾幹半島，七世紀間接受基督教，八世紀末年，首建「克羅埃西亞公國」 (Duchy of Croatia)，位在達爾馬奇亞與德拉瓦河一帶，唯國祚甚短 (910～1102)。925 年托米斯拉夫 (Tomislav) 改建為王國，但仍是東羅馬帝國的附庸。1076 年，茲瓦尼米耳 (Demetrius Zvonimir) 脫離了東羅馬帝國的管轄，投向西方，接受羅馬教皇的加冕，自此正式改信天主教。1102 年克羅埃西亞的舊王朝因無男嗣而告終，更因克王彼塔 (Petar) 稍早又被匈牙利擊敗，而併入匈牙利王國，唯仍保留相當自治地位及貴族特權，先後在匈牙利王國和奧匈帝國統治下，歷時八百年。

　　莫哈契戰役 (1526) 後，維也納的哈布斯堡王朝 (Hapsburg) 繼任匈牙利國王，克羅埃西亞也隨之變成奧國的屬地。克羅埃西亞人既在匈牙利和奧國的統治之下，所以極難產生民族意識。克羅

埃西亞人的民族主義，開始滋生於十八世紀末及十九世紀初年，重要過程包括克羅埃西亞文的推廣； 以及 1830 年蓋伊 (Ljudevit Gaj) 及德拉什科維奇伯爵 (Drasković) 發起的「伊利里亞運動：主張在古代伊利里亞省的所有屬地，建立一個以克羅埃西亞人為主的獨立國家」等等。直至二十世紀初年止，克羅埃西亞人的民族運動並無顯著的成就。此種挫敗，使其既羨慕又憎恨塞爾維亞，這也是日後南斯拉夫 (Yugoslavia) 內部克、 塞兩民族嚴重分裂的基本原因。

3.斯洛文尼亞族（斯洛文人）

斯洛文人的住地，在克羅埃西亞以西。最初，斯洛文人、捷克人及斯洛伐克人的居住區域，並無其他異族侵入，所以斯洛文人也在薩莫帝國❷的範圍之內。西元 659 年，阿瓦爾人侵入中歐滅薩莫帝國，將斯洛文人和捷克人等從中切斷，使斯洛文尼亞成為一個獨立的公國。八世紀末，斯洛文尼亞被查理曼帝國征服，變成日耳曼民族的屬地，初屬神聖羅馬帝國，後屬奧帝國，直到 1918 年。

斯洛文人雖久受「日耳曼化」的影響，但仍保留了自己的語文（用拉丁字母拼寫）和風俗習慣，尤以下層的農民大眾為然。此外，斯洛文尼亞從未被土耳其佔領，所以更能保持它的民族完整性。

---

❷ Samo's Empire (623 ~ 659) 在今易北河 (Elbe R.) 上游，係斯拉夫族最早建立之有組織的國家。

　　1848年泛斯拉夫主義大革命後，民族運動在中東歐普遍掀起。一批充滿自由主義思想的斯洛文知識青年和教士，一方面主張提高斯洛文語文的法律地位，一方面要求在奧匈帝國範圍之內實行自治。在匈牙利獨立戰爭失敗後，奧國對於屬地的自治運動就加強壓制，斯洛文自治的目的並未實現。

　　其後三十年間，義大利的統一運動興起，其活動範圍也包括斯洛文尼亞在內。因此斯洛文人的民族運動，乃具雙重目標，一為反奧，一為反義。但因本身力量有限，必須借助於其他南斯拉夫人的支援，由是產生了「斯洛文－南斯拉夫主義」(Slovene-Yugoslavism)，更透過塞爾維亞人與俄國接觸，希望仰仗俄國的力量完成民族的解放，由此又與「大斯拉夫主義」發生關聯。

　　十九世紀末年，斯洛文民族運動中產生了一種新路線，即所謂「三元論」(Trialism)，主張在奧匈雙元帝國中，再加上斯拉夫一元，也就是由斯洛文人、克羅特人及波士尼亞－黑塞哥維那境內三省的塞爾維亞人等，聯合組成「南斯拉夫國」，與奧、匈兩國地位平等，共建哈布斯堡王朝統治的「三元帝國」。但贊成此一種主張的南斯拉夫人並非多數，塞爾維亞尤其強烈反對，因為他們自己有「大塞爾維亞」的夢想。

4.波士尼亞－黑塞哥維那族（波士尼亞人）

　　波士尼亞－黑塞哥維那的居民，大多為塞爾維亞人，於七～十世紀間陸續遷入。宗教信仰比較複雜，除了天主教和東正教以外，它也是包歌米爾教派(Bogomilism)的大本營。包歌米爾教派之所以快速在此地傳播，是居民對於天主教和東正教兩支權威勢力的

反抗。日後當土耳其大軍逼近時，這些包歌米爾教徒又紛紛改信伊斯蘭教。

　　波士尼亞－黑塞哥維那地區的斯拉夫人直到十二世紀仍處於各部落分治的狀態，沒有形成統一。這與不同時期克羅埃西亞、塞爾維亞、匈牙利、拜占庭對這一地區的分割統治直接相關。1254 年該地成為匈牙利的附庸，被分為上、下波士尼亞。位於南部山區的上波士尼亞被允許仍由波士尼亞的巴昂（Ban，統治者、首領）轄制；北部的下波士尼亞則與塞爾維亞北部的一部分合併為馬奇瓦和波士尼亞公國，成為匈牙利人對付保加利亞和塞爾維亞的前沿屏障。1229 年，下波士尼亞轉入克羅埃西亞舒比奇家族，該家族以匈牙利帝國臣屬的身分重新統一了上、下波士尼亞。1322 年，波士尼亞人起義，舒比奇家族滅亡，史蒂芬·科特羅馬尼奇成為波士尼亞的巴昂。傳至其姪特弗爾特科 (Stephen Tvrtko, 1353～1391) 時，國勢更為強大，1376 年自稱「波士尼亞與塞爾維亞之王」(King of Bosnia and Serbia)。

　　土耳其侵入巴爾幹時，波士尼亞王國曾派兵參加塞王拉薩兒領導之基督教國家聯軍，與土軍大戰於科索沃 (1389)。1391 年王國瓦解，黑塞哥維那另立為獨立公國。到了 1483 年，波黑兩地被土耳其納入帝國的行省，改信伊斯蘭教的貴族仍可保留其特權。1878 年改由奧匈帝國治理。

5.黑山族

　　黑山區（Crna Gora，Crna 是「黑」，Gora 則是「山」的意思。英文作"Montenegro"，國人音譯為「蒙特內哥羅」，以下簡稱

「黑山」)，西濱亞得里亞海，東有一座險峻的廷納瑞克阿爾卑斯山 (Dinaric Alps) 屏障，易守難攻，自成天地。境內缺少平原沃土，不適農耕，此種環境反而不易引起外人的垂涎。

當地居民以塞爾維亞人為主，十二世紀下半期，被塞爾維亞的「大祖潘」史蒂芬‧尼曼亞征服，其後即成為塞國之一部，並接受東正教教義。科索沃之戰後，塞爾維亞王國瓦解，大批塞人逃入黑山區避難。土耳其部隊雖曾攻至山腳平原，但卻未能將該地征服，這是土耳其統治權唯一未曾到達的地區。

十四～十五世紀間，黑山區不斷拒抗海上強權威尼斯共和國的攻勢，始終未被征服，當時統治者是「黑王子」史蒂芬 (Stephen Crnojevic, 1427～1466)，除抵禦威尼斯外，並與進犯之土耳其軍作戰多次。黑王子逝世後，傳位於長子黑伊凡 (Ivan the Black, 1466～1490)，此時土耳其已席捲塞爾維亞 (1459)、波士尼亞 (1463)、黑塞哥維那 (1476)，黑山區變成了所有斯拉夫人的避難所。隨後土耳其蘇丹穆罕默德二世再率大軍攻擊黑山區，伊凡乃放火焚其首都沙布裏阿克 (Zabljak)，逃往海拔四千呎之蔡提涅 (Cetinje)，自此時起以迄二次世界大戰，蔡提涅一直是黑山的首都。

1516 年塞諾耶維契王朝 (Crnojevic Dynasty) 告終，末任君主喬治的生母和王妃均為威尼斯人，不能習慣於黑山國的粗鄙生活，當眾將王位交付地位僅次於國王的主教巴比拉斯 (Babylas)，然後離開了黑山。自十六世紀起，以迄十九世紀中葉止，黑山國之統治者為「弗拉狄卡」(Vladika)，即「主教公」(Prince-Bishop)，他雖身為主教，但也兼任行政首長，和中古及近代初期日耳曼地方

的大主教或主教一樣，兼具政教統治權。換言之，黑山國是一個神權國家 (Theocracy)。

主教公之下，設「行政長」(Civil Governor) 一人，主管一般政務及軍事，主教公只受設於培奇（Peć，位於今日科索沃境內）的塞爾維亞教長監督。最初的一百八十年間 (1516～1696)，主教公由部落酋長選舉產生，1696 年起改為世襲制。主教公既然不准結婚，自無子嗣，但可指定其姪兒為繼承人。首先採取世襲制者為丹尼婁一世 (Danilo I, 1696～1737)，是為皮特羅維契王朝 (Petrovic Dynasty)，黑山國的近代史自此開始。

丹尼婁一世在位約四十年。1715 年丹尼婁一世訪問聖彼得堡，俄皇除重申「雙方結盟，聯合對抗土耳其」之友好以外，並贈以一萬盧布，其後黑山即不斷接受俄國的津貼，在國際事務上俄國也常是黑山國的代言人。丹尼婁二世 (Danilo II) 時，鑑於過去叔父傳位於姪兒的繼承制度有時會發生困擾，1852 年頒布《黑山國大憲章》(*Great Charter*)，將黑山國變成一個非神權的世俗國家，規定今後黑山國王改為父死子繼的世襲制，宗教事務則另選大主教或主教一人專掌。丹尼婁二世被暗殺後，由其姪尼古拉一世 (Nicholas I, 1860～1918) 繼位，尼古拉曾在巴黎接受西方教育，執政後積極從事軍事、教育等內政改革，並自動限制王權。

1876 年，黑山國繼塞爾維亞之後向土耳其宣戰，俄土戰爭也隨之爆發，土敗，在俄土簽訂的《聖‧斯特凡諾條約》(*Treaty of San Stefano*, 1878.3) 中，黑山國的領域增加三倍，東界與塞爾維亞接壤，如此則黑塞兩國合而為一的理想可以實現。但因英、奧

等國之反對，重訂《柏林和約》(*Treaty of Berlin*, 1878.7)，領域雖不如前約，但黑山國仍被列強共同承認為獨立國家。

6.馬其頓族（馬其頓人）

馬其頓也是前南斯拉夫社會主義聯邦共和國之中的一個小自治共和國，但是馬其頓這片地區，因處於南斯拉夫、保加利亞和希臘三國之間，所以也是三國互相爭奪的焦點。巴爾幹史上不斷發生三國之間的戰爭。除了地理位置是導致衝突的原因以外，歷史背景也是重要的因素。

斯拉夫部落於西元六～七世紀間，來到當時屬於東羅馬帝國的馬其頓地方，變成東羅馬帝國的臣民，而且由君士坦丁堡接受東正教的信仰。九世紀末被保加利亞國王西蒙 (Simeon, 893～927) 征服，成為保加利亞第一帝國的領域。十四世紀間，塞爾維亞勢力崛起，塞王史蒂芬‧杜山建立的龐大帝國將馬其頓也包括在內，而且將國都建於馬其頓境內的斯科普里 (Skopje or Skoplje)。杜山死後，塞爾維亞帝國瓦解，不久土耳其大軍即將馬其頓攻佔，置為直屬的省區。

克里米亞戰爭以後，土耳其重新調整巴爾幹的「米列區」(Millet)，教會的轄區發生變化，為了遷就保加利亞的自治要求，准許保加利亞教會脫離伊斯坦堡教長的管轄，單獨另建「大主教區」(Exarchate)，新教區的範圍將大部分的馬其頓包括在內。保加利亞利用機會在該區擴大它政治和文化的影響，此舉立即引起西鄰塞爾維亞的反抗，但後者因無合法立場，無法與保加利亞競爭，但雙方的仇恨與對立此後即日益增強。

圖6：皮特羅維契王朝的尼古拉一世

　　另一引起紛爭的原因是十九世紀末年的俄土戰爭(1877～1878)，戰後《柏林和約》，將馬其頓又重置於土耳其管治之下。這種變化不僅使俄、保二國沮喪，馬其頓人更因失去自治的機會而不滿。馬其頓既又隸屬土耳其，塞爾維亞染指的野心復熾。二十世紀初年的兩次巴爾幹戰爭 (1912～1913)，實際就是馬其頓的爭奪戰。

從羅馬帝國到拜占庭帝國

　　早在西元前八世紀時，希臘人首先抵達亞得里亞海岸，擴張其版圖。他們對當地伊利里亞部落的影響，包括手工藝品、貨幣以及文書。希臘文化的擴展深入發達河 (Vardar R.) 流域地區，帶來豐沛的文化資產。到了西元前四世紀時，有另一支稱為塞爾提克 (Celtic) 的部族進入巴爾幹半島區域，與當地部族融合。然而，隨後興起的強權——羅馬帝國迅速對外擴張，先後征服了馬其頓、希臘、小亞細亞的帕加馬、敘利亞、埃及、高盧以及不列顛，其版圖最大之時，東至裏海和波斯灣，南達紅海和尼羅河流域，西至大西洋，北及大不列顛，成為橫跨歐亞大陸的超級強權。而斯拉夫民族的移入，已是西元六世紀的事。

　　西元 395 年羅馬帝國分裂為西羅馬帝國和東羅馬帝國（即拜占庭帝國），此次分裂對於後來移入的斯拉夫人而言，在歷史、文化與宗教上都有極為深刻的影響。屬東羅馬帝國地區的人民是接受東正教，其他地區則信奉羅馬天主教。

第一節　羅馬帝國統治時期

羅馬帝國興起於巴爾幹半島的西方,早在西元前三世紀初,它已經佔據了整個義大利半島,於西元前 27 年建立羅馬帝國。羅馬人先是訴諸武力,然後憑藉逐步建立起來的據點,步步為營,逐漸地擴張到亞得里亞海東海岸時,才改造了巴爾幹的部族世界。羅馬人利用伊利里亞人和希臘人殖民者的鬥爭,先破壞伊利里亞部落的公社,建立據點,便於自由航行和停止伊利里亞人的海盜行徑。到西元前二世紀,伊利里亞人政治中心在南部地區,即前南斯拉夫疆土的最南端。伊利里亞國王根西烏司 (Gencius) 建都於斯科德拉 (Scodra),即今阿爾巴尼亞的斯庫臺里 (Scutari),積極阻止羅馬人征服馬其頓。

在西元前 170～前 168 年間的戰爭中,羅馬人戰勝,征服馬其頓且降服伊利里亞國,前希臘殖民地也納入羅馬帝國版圖。其後,馬其頓成為羅馬的一省,羅馬人深入了南斯拉夫南部,敞開了從南方進行擴張的大門。

之後羅馬軍隊從義大利平原越過阿爾卑斯山,進入潘諾尼亞;同時,伊利里亞人的抵抗中心則北移,進行頑強的抵抗。羅馬軍隊經過艱苦奮戰,直到西元初期方鎮壓了規模龐大的伊利里亞人。於是除了多瑙河北部和東部(即今日的佛依沃丁那)以外,第二次世界大戰之後成立的南斯拉夫全境都成為羅馬帝國的領土,受羅馬統治長達五世紀之久。

圖7：位於斯洛文尼亞普拉市的奧古　圖8：四世紀的羅馬頭盔（典
斯都神殿　　　　　　　　　　　　藏於佛依沃丁那博物館）

　　羅馬人在佔領了這地區之後，把南斯拉夫分為各個行省。為
了防禦外患及內部暴動，設置了軍營和修築城堡，並建造連繫各
省及與義大利間的交通網。巴爾幹地區物質文明的進步及發展是
建築在羅馬帝國發達的奴隸制基礎上。奴隸勞動大大地提高生產
力，隨著經濟的發達，巴爾幹各省也在發展都市化，並漸漸有了
集會場、寺廟、劇場、公共浴池及水道系統等。當地居民亦逐漸
被羅馬人同化，羅馬人大量遷入巴爾幹半島，與當地居民生活在
一起，他們的語言、信仰及風俗習慣等成了社會共同的東西。他
們使用拉丁語，並信仰羅馬神。但是，各地羅馬化的程度並不相
同，文化與語言未能完全統一。

　　由於羅馬政權的保護，希臘文化在舊希臘地區仍然保留，希臘語的流行亦廣，與拉丁語區之界線，可根據遺留的羅馬人石刻中推知。在南斯拉夫境內從博卡‧科托爾斯卡 (Boka Kotorska) 到尼士 (Niŝ) 一線，以南及以東地區使用希臘語，由於希臘文化的影響越形重要，最後全部繼承了羅馬帝國的傳統。

　　在君士坦丁大帝的統治之下，於西元 313 年頒布〈米蘭敕令〉，宣布基督教合法地位，並公開表示支持基督教，導致基督教在四世紀末成為羅馬帝國國教。西元 395 年，羅馬帝國應付日益增多的軍隊與行政事務，稅收的負擔幾乎使整個帝國負擔不起，基於有效治理內政與促進經濟發展，龐大帝國遂一分為二，形成東西羅馬帝國。

　　另一方面，自西元三世紀開始，亞洲的匈奴人大量向西遷徙，逐漸地改變了巴爾幹半島的民族結構。匈奴人為雄霸中國北方草原的強大游牧民族，由於爭奪王位引起內部動亂，漢軍乘勢討伐，匈奴大敗向西遁逃。匈奴於西元 372 年進入俄羅斯平原，擊敗東哥德人。匈奴在匈牙利平原定居下來後，仍不斷侵擾羅馬帝國的屬地。直至 441 年，匈奴人渡過多瑙河進入巴爾幹半島，遂與當地民族混居，融合其血緣。

第二節　拜占庭帝國興起及其影響

一、羅馬帝國分裂與拜占庭帝國興起

西元三世紀發生的經濟危機，在在打擊了羅馬帝國。帝國的發展中心由西向東移，西元 330 年，君士坦丁大帝建立君士坦丁堡為首都，君士坦丁堡的前身是由希臘移民建立的拜占庭，羅馬帝國分裂後成為東羅馬帝國的首都，因此東羅馬帝國又稱拜占庭帝國。巴爾幹半島的大部分都歸屬於拜占庭帝國。

拜占庭帝國內部因為經濟衰落和社會組織瓦解而削弱，邊境開始受到蠻族的威脅。在南斯拉夫境內沿多瑙河所設的堡壘，已越加難以防守。先後經哥德人及匈奴人的侵犯，很多城市皆遭破壞。日耳曼人紛紛侵入羅馬帝國的領土；汪達爾人經過高盧、西班牙，越過直布羅陀海峽，進入北非建立王國；法蘭克人佔領高盧，建立王國；盎格魯‧薩克遜人則入主不列顛，至此西羅馬帝國於西元 476 年宣告滅亡，由義大利建立東哥德 (Ostrogoths) 王國。拜占庭帝國的數省劃入東哥德王國的版圖。其後拜占庭帝國常受各方威脅。

在西元六世紀時，東方的另一支游牧民族——阿瓦爾人，從匈牙利平原向巴爾幹半島遷徙。他們在趕走倫巴底人之後，促使大批斯拉夫人湧進巴爾幹半島。阿瓦爾人與斯拉夫人聯手進攻君士坦丁堡和薩羅尼加，之後斯拉夫人脫離阿瓦爾人的控制，將伊

利里亞人趕入深山，在西元 679 年時，由融合匈奴人、烏克蘭人和突厥人血統的保加爾人，於巴爾幹半島上建立了保加利亞王國。而此時落荒而逃的羅馬人，則避隱入山林，與當地斯拉夫農民混雜而居。

此次民族向西的大進駐，揭開斯拉夫民族與巴爾幹半島與其後紛擾不休的歷史開端。他們活動與定居的範圍，西起易北河流域，東至頓河流域，北達波羅的海，南抵巴爾幹半島，幾乎遍及整個東歐地區。而斯拉夫民族依聚集地域分為東斯拉夫人、西斯拉夫人以及南斯拉夫人。

南斯拉夫人主要的經濟型態為農業，以家庭公社為經濟單位，公社成員數十人同居，共同耕作土地並共享所有財產。到了七世紀，家庭公社進一步發展成農業公社。西元七世紀，拜占庭帝國已非常衰落。在君士坦丁二世統治期間拜占庭帝國開始企圖收復巴爾幹半島，戰爭一直持續了數個世紀。拜占庭帝國的軍事行動雖然收到了成效，但是其先後陸續又面臨了阿瓦爾人、八世紀末興起的法蘭克王國、九世紀的新對手保加利亞等的威脅，在收復失地上一直是進退搖擺不定。這也使得巴爾幹半島分受不同文化國的統治影響，此一帶的斯拉夫人以後也一直存在著差異。

二、東西文化之影響

君士坦丁大帝在拜占庭帝國建國之初，將基督教傳入北方的斯拉夫民族。儘管在半個多世紀中 (1204～1261)，拜占庭帝國已是四分五裂，巴爾幹半島的文化發展仍是受拜占庭所影響。拜占

庭帝國作為古代文化的繼承者，唯其統治下的各民族十分複雜，包括希臘人、敘利亞人、猶太人、埃及人、亞美尼亞人、波斯人、保加爾人、斯拉夫人、日耳曼人以及馬其頓人、伊利里亞人等土著民族。拜占庭人繼承希臘文化的傳統，使用希臘語，而西羅馬帝國則形成拉丁文化傳統，使得東西羅馬帝國各有其文化傳承的依歸。東西兩方不同的文化特色，讓彼此互相視為蠻夷族群，在宗教理念上於是漸行漸遠。至十一世紀初，東西教會徹底分裂，東部教會以正統自居，一般稱為東正教，也稱為希臘正教；西部教會則強調自己的普世性，稱為羅馬天主教（或稱公教）。隨著東西教會的分裂，巴爾幹半島各民族在宗教上也隨之分化，並深受西歐文化及拜占庭文化兩者交互之影響。

十世紀和十一世紀西方經濟發達，文化藝術蓬勃發展，使教會分裂後隸屬西部南斯拉夫人受到西歐文化的影響，如斯洛文尼亞人、克羅埃西亞人在親羅馬的匈牙利王室統治下，信奉羅馬天主教，更加西歐化。反之，在東部的塞爾維亞與馬其頓，則受拜占庭文化薰陶。馬其頓長期以來一直是拜占庭帝國的組成部分，塞爾維亞等地受拜占庭帝國的影響較大，因此這些地方斯拉夫人的教會，是屬於以君士坦丁堡大主教為首的東正教會，且譯有希臘宗教儀式、教律的經文。

南斯拉夫具有拜占庭及西歐兩種不同文化，而拜占庭在西部地區的影響漸漸地消失。在生活中亦有東西兩方因素的混合，一方面如狩獵、競技、藝人巡迴表演等，接受西方文化的影響；另一方面，如塞爾維亞、馬其頓和保加利亞的文化在程度上較為相

圖9：拉丁文古籍　波黑地區的博物館和圖書館
仍保留著用拉丁文所寫的古籍。

近，他們在文學語言上都是以古斯拉夫語為基礎，在教會和國家
組織、法制生活和藝術創作都受到拜占庭的影響。介於東西之間
的波士尼亞，則有自己的信仰，其文化融合東西特色，沒有偏重
任何一方。

　　東部地區大多神學與法律的著作，都譯自希臘文，尤其是拜
占庭區域；而西部地區則以拉丁文為正式用語。斯拉夫人所使用
的字母包含了基里爾字母與拉丁字母。基里爾字母流行於拜占庭
帝國勢力範圍內，之後又傳到波士尼亞等地。此外，在日耳曼帝
國統治下的斯洛文尼亞地區，禁止斯拉夫文化的發展。斯拉夫藝
術型態分為兩大特色，一為羅馬式，二為哥德式。前者始於十世
紀，後者始於十二世紀。

第三節 民族國家的萌芽

巴爾幹半島上斯拉夫民族國家的建立,是西元九世紀民族大遷徙後的事。斯拉夫民族初期並不是一個統一的族群,他們分散聚居,形成部落群體,不過當他們與君士坦丁堡或保加爾人等打交道時,趨向整合行動。東南歐中世紀的政治整合模型是個結構鬆散、多種族組成的帝國,而非建基於種族相同的民族國家。神聖羅馬帝國和拜占庭帝國的多民族結構,形同爾後的克羅埃西亞、塞爾維亞及波士尼亞步其後塵。

巴爾幹半島的人口主要是南部斯拉夫人。其中塞爾維亞人、克羅埃西亞人、波士尼亞人及黑山人,幾乎說相同的語言,與西北地區的斯洛文尼亞人及東南地區馬其頓人的語系,因關連性較鬆散而有所差異。然而這些中世紀時代的族群,當時較重視其所信仰的基督教遠甚於其所歸屬的民族帝國。這些管轄巴爾幹的帝國,如果包括保加利亞的話計有四個之譜。換言之,自十五世紀開始,整個巴爾幹地區即被四周的民族所瓜分:奧地利擁有斯洛文尼亞,匈牙利佔領大部分的克羅埃西亞領土,土耳其人則控制整個塞爾維亞和波士尼亞(包括今日的馬其頓、黑山與黑塞哥維那)。另外,威尼斯人也據有部分克羅埃西亞的海岸地區。此一現象進一步加深歷史文化的複雜性,而現代南斯拉夫諸多問題即源自於此。以下就各個國家發展的起源分別敘述。

一、斯洛文尼亞

　　最先殖民南斯拉夫的是斯洛文尼亞人，他們早在六世紀時，就已經定居於亞得里亞海北岸和薩瓦河谷。 在西元 623～638 年間，被薩莫帝國所統治，薩莫死後，則由法蘭克人接管。九世紀末，斯洛文尼亞被查理曼大帝征服，變成日耳曼民族的屬地，初期屬於神聖羅馬帝國，其後歸屬奧匈帝國，直到 1918 年。在查理曼統治時期，他們信仰基督教。此外，中央政府和各地封建主時常變更領土邊界，在十一世紀時，卡爾尼奧拉 (Carniola) 和薩維那 (Savinja) 合為大卡爾尼奧拉 (Great Carniola)，之後再發展為卡爾尼奧拉省，此即為斯洛文尼亞國家的起源。

　　在此區的東邊，是卡蘭塔尼亞和德拉瓦兩區，當卡蘭塔尼亞公國獨立後，成為卡林西亞 (Carinthia) 省的核心，直至十五世紀後才有固定的邊界，並成立省議會與國會機構，居住於此的斯洛文人才逐漸發展民族意識。

　　十三世紀中葉時，斯洛文尼亞人開始政治的統一，活動的發動者為捷克王奧塔卡二世普里米塞 (Otakar II Premysl)，他成功地運用日耳曼人的衰弱，控制奧地利、伊斯特里亞、卡林西亞和卡爾尼奧拉， 使多數斯洛文尼亞人的省受單一權力的統治。 直至 1278 年哈布斯堡 (Hapsburg) 的魯道夫 (Rudolf) 任神聖羅馬帝國皇帝，並打敗捷克王，斯洛文尼亞各省統一的計畫於是前功盡棄。哈布斯堡對於在斯洛文尼亞各省的日耳曼貴族擁護者，提供許多特權予以酬謝，諸如司法權的下放、各省行政讓當地貴族、教士

圖 10：十一～十三世紀的巴爾幹半島

或城市代表自行處理以及給予特別徵稅優待等。不過，到了十七
世紀，由於中央集權政策，貴族與領地的行政權和司法權都明顯
減弱。

二、克羅埃西亞

屬於南斯拉夫人一支的克羅埃西亞人於西元六、七世紀之交
遷移至拜占庭帝國的達爾馬奇亞省（Dalmatia，即今日克羅埃西
亞的達爾馬奇亞地區），其後兩百年間克羅埃西亞公爵控制了現今
的斯拉泛尼亞、達爾馬奇亞以及札格雷布 (Zagreb) 等地區。

克羅埃西亞人沿著亞得里亞海往西南而行，在西元 600 年抵
達達爾馬奇亞海岸城鎮。他們屬南部斯拉夫人的一支，或許拌有
著伊朗人之混血，剛入侵時為異教徒，曾攻擊某些已羅馬化的阿
爾巴尼亞天主教人口。在鬆散的法蘭克國境內以及拉丁和拜占庭
相互影響的海岸上，克羅埃西亞人於之後三百年皈依了羅馬天主
教。拜占庭帝國急於否定威尼斯企圖重建的政權，在西元 910 年
於比奧格勒 (Biograd) 承認了第一位有記載的克羅埃西亞統治者
托米斯拉夫 (Tomislav) 的政權。他自封為國王，並自主獨立。在
其時代，克羅埃西亞的軍事力量很強，進行擴張。西元 925 年托
米斯拉夫建立了強盛的克羅埃西亞王國。

威尼斯共和國之擴張迫使接下來的克羅埃西亞國王與發展中
的匈牙利王國密切合作。當然，威尼斯人對大部分伊斯特里亞
(Istrian) 半島及達爾馬奇亞海岸的統治從這時期間歇地持續至十
八世紀。

圖 11：克羅埃西亞赫瓦爾島最大的廣場及 Sv. Stephen 教堂（十六
～十八世紀）

　　十一世紀末，克羅埃西亞王國分裂，克羅埃西亞國的貴族們
在王位繼承問題上發生爭執，無法產生王位繼承人。王朝滅亡後，
西元 1102 年與匈牙利合併。當時匈牙利國王被克羅埃西亞各部族
共推為克羅埃西亞及達爾馬奇亞國王，克羅埃西亞仍保有完整的
國家權利。從此，克羅埃西亞併入匈牙利的版圖，並在其範圍內
發展直至 1918 年為止。匈牙利並沒有向克羅埃西亞派駐軍隊，只
依靠當地的貴族進行統治。

　　克羅埃西亞本身一直保存了其獨立的政治實體，即使其先後

經歷了匈牙利、威尼斯、鄂圖曼及哈布斯堡等國的統治。

　　宗教分歧存在於克羅埃西亞之中，內陸農夫皈依基督教。當地牧師結婚、頭髮留長像拜占庭牧師並且不懂拉丁語，使用斯拉夫字母系統（格拉果利卡 glagolica）作宗教儀式。早期在與君士坦丁堡爭奪達爾馬奇亞的控制權時，拜占庭不得不接受這樣的牧師作為政治上的讓步。西元十世紀羅馬教皇當局試圖限制克羅埃西亞的禮拜儀式並制止任何格拉果爾牧師的招募。拉丁字母對格拉果利卡字母之爭一直存在於克羅埃西亞牧師之間。

三、塞爾維亞

　　中世紀塞爾維亞的獨立，維持得比克羅埃西亞久。在最初長達數個世紀的時間裡塞爾維亞人一直保持著分散狀態，始終沒有統一起來。他們是七世紀時，來到位於德里那河 (Drina R.) 與伊巴河 (Ibar R.) 之間主要的南部斯拉夫人（最終塞爾維亞人），部落似乎距亞得里亞海 (Adriatic) 或愛琴海 (Aegean) 太遠，以致未產生帝國野心或接近基督教。塞爾維亞的元老家族們最後受亞得里亞海冬天的牧場及貿易吸引而來。在幾個世紀中，他們捲入了拜占庭帝國與保加利亞的爭霸之中。西元十世紀受到拜占庭及保加利亞的影響，使得他們後來被納入東方教會的體系，信仰東正教。十一世紀初，保加利亞被拜占庭帝國征服後，塞爾維亞被劃入拜占庭帝國的範圍中。之後，數個當地塞爾維亞家族首領或祖潘時而與拜占庭相對抗。

　　塞爾維亞的政治中心在十二世紀初轉到了拉什卡（Raška，即

圖 12：位於科索沃的德卡涅 (Decane) 修道院　由十四世紀的塞王史蒂芬三世及其子史蒂芬‧杜山兩人所建。

今日的科索沃）。拉什卡的大祖潘史蒂芬‧尼曼亞之後在 1180 年成功地建立了一獨立國家。他向沿海地區進行擴張，為塞爾維亞國奠定基業。1196 年他的兒子史蒂芬二世成為第一位加冕的塞爾維亞國王。他的另一位兒子，之後被封為薩瓦聖徒 (St. Sava)，在 1219 年趁拜占庭逐漸式微之際，在塞爾維亞國王的領土內建立了獨立教會的大主教轄區，此舉分離了教會一向採取的拜占庭政教合一的原則。這時期為塞爾維亞以後的強盛打下了基礎。

　　塞爾維亞國接下來的統治者，試圖趕上拜占庭帝國。直到有名的塞爾維亞統治者——史蒂芬‧杜山時期實現了塞爾維亞的強盛。他在 1331 年繼承王位。杜山擴張了塞爾維亞領土兩倍，直抵希臘南部。1346 年杜山加冕成為塞爾維亞人及羅馬人（希臘人）

的皇帝。皇帝杜山接著計畫佔領君士坦丁堡。1355 年他在對抗拜占庭的戰役期間死於熱病。

杜山死後帝國的各地紛紛獨立，塞爾維亞不再是中央集權的國家。其後的繼承者皆懦弱且喪失了南方大部分領土。當 1389 年鄂圖曼土耳其大軍與巴爾幹各國聯軍在科索沃 (Kosovo) 決戰時，他們努力對抗南部貴族的反叛軍。塞爾維亞抵抗鄂圖曼前進的能力永遠無法真正恢復。塞爾維亞軍隊在 1425 年侵略波士尼亞期間短暫地攻佔了斯雷布雷尼卡 (Srebrenica) 及其豐富價值的銀礦。除此之外，這個國家及其首都繼續往北撤退至貝爾格萊德 (Belgrade)，直到 1429 年，然後撤至斯梅德雷沃 (Smederevo)，直到 1459 年土耳其軍隊攻下這最後據點。

四、波士尼亞

波士尼亞建立在中世紀，比克羅埃西亞與塞爾維亞王國的歷史稍微久遠。其在歷史回憶中極少有頌揚支持民族自決的論調；一部分南部斯拉夫人於鄂圖曼征服波士尼亞國之後，自始種族認同混亂，遂轉變為伊斯蘭教徒。

西元十二世紀時，波士尼亞獲得了政治獨立，之後並增加了黑塞哥維那。在一個名叫庫林 (Kulin) 的巴昂帶領下，波士尼亞拒絕拜占庭及匈牙利的統治，從而建立了國家。當時出現了一組宮廷官員及一座國庫，並定期召集貴族的集會。他們的社會起源符合巴爾幹斯拉夫人、塞爾維亞人及克羅埃西亞人地方家族首領的型式。

　　波士尼亞這個獨立國家斷斷續續地存留至十五世紀中期，並持續努力對抗匈牙利的侵略，直至為鄂圖曼所征服。其力量在巴昂特弗爾特科統治下達到極盛時期，他使波士尼亞在 1369 年重新從匈牙利中獨立出來，於 1376 年加冕自己為波士尼亞與塞爾維亞之王，並在 1382 年開始為亞得里亞海建造航行至科特海灣 (Bay of Kotor) 的港口。這條亞得里亞海的航線創造了支持波士尼亞提升經濟的基礎。地方商人和城鎮很快地加入杜布羅夫尼克 (Dubrovnik) 及其他達爾馬奇亞港口，以波士尼亞的金、銀、銅及鐵礦來貿易。

　　波士尼亞之後仍是陷於混亂之中，依舊是解體、孤立的政權。信奉天主教的克羅埃西亞人、信奉東正教的塞爾維亞人以及包歌米爾教徒之間相互對立。包歌米爾教為當時的異教。最後在十五世紀，一場為了根除異教及使波士尼亞教會歸於羅馬體系控制之下的戰役，迫使衰弱的波士尼亞國投降。強大的匈牙利王國重新主張其宗主權並取消對鄂圖曼帝國的貢金。1463 年鄂圖曼軍隊迅速征服波士尼亞並於 1483 年攻取了黑塞哥維那。

　　人口的稀少使得巴昂的權力有限，卻又因此使得波士尼亞有能力存留下來。波士尼亞少而分散的人口是一個與克羅埃西亞及塞爾維亞共有的弱點，也是之後種族邊界的歷史爭論之處。

五、馬其頓

　　就歷史的觀點而言，馬其頓的歷史可謂源遠流長。西元前 2000 年左右，馬其頓民族的祖先色雷斯人 (Thrace) 已在巴爾幹半

島上活動。到西元前 1000 年以後,馬其頓開始接受希臘文化的影響。史家稱「古代馬其頓」係指西元前五～前二世紀之間。

當時的馬其頓位於巴爾幹半島北部 , 境內山區稱 「上馬其頓」,瀕臨愛琴海一帶稱「下馬其頓」,居民以希臘人、色雷斯人、伊利里亞人等為主。西元前 495～前 450 年,亞歷山大一世統一了下馬其頓。西元前 359～前 336 年,菲力普二世在位期間正式統一上下馬其頓。

由於菲力普二世整飭吏治,加強軍事力量,使國勢日隆,在他鞏固了馬其頓地域的統治後,乃積極向外擴張,於西元前 338 年菲力普二世率兵打敗希臘聯軍,征服了所有希臘城邦。其子亞歷山大大帝又於西元前 326 年滅了波斯帝國,是馬其頓最鼎盛時期,建立了橫跨歐、亞、非三大洲的大帝國。

不過,當亞歷山大大帝逝世後,其部屬之間經過數十年的相互傾軋,隨即瓜分其帝國,陸續出現一系列希臘化城邦。因此,馬其頓王國僅據有巴爾幹半島一隅。在西元前三～前二世紀交替之際,羅馬崛起,馬其頓戰事頻繁,不到半個世紀,先後爆發了三次馬其頓戰爭 (第一次馬其頓戰爭於西元前 215～前 205 年,第二次於前 200～前 197 年,第三次於前 171～前 168 年),最終被羅馬征服,西元前 148 年以後,馬其頓成為羅馬的一個行省。

西元 395 年羅馬帝國分裂為東西二部分後,馬其頓歸東羅馬帝國管轄。至第九世紀,馬其頓成為保加利亞王國的屬地。至十四世紀時,塞爾維亞王國勢力日盛,馬其頓又被其兼併。其後,在 1389～1912 年間,馬其頓一直在鄂圖曼帝國統治下,長達五個

世紀之久。當 1912、1913 年第一次巴爾幹戰爭時，由土耳其人建立的鄂圖曼帝國因式微而敗北。馬其頓乃分別由希臘、保加利亞和塞爾維亞等三國瓜分：希臘取得一半以上的土地，世稱「愛琴馬其頓」(Aegean Macedonia)，約有百分之十的土地劃歸保加利亞，世稱「皮林馬其頓」(Pirin Macedonia)，另外百分之三十八的土地由塞爾維亞管轄，世稱「瓦爾達爾馬其頓」(Vardar Macedonia)，即今日的馬其頓。

　　從以上的歷史背景觀之，可見馬其頓過去這一段歷史，頗為錯綜複雜。一方面其文化深受古希臘、拜占庭和土耳其的影響；另一方面，其民族定位和疆域問題，也因歷史的因素糾纏不清。因此，這個以「前南斯拉夫的馬其頓」作為臨時國號加入聯合國的新國家，其所背負的歷史包袱，自然不言而喻了。

　　根據上述的歷史背景，嚴格地說，「馬其頓」這個概念具有多方面的意義。就歷史面而言，應有「古代馬其頓」和「現代馬其

圖 13：馬其頓首都斯科普里的清真寺

頓」之分。就地理面而言，馬其頓又是跨國性的地理概念，如前面所提及的，希臘、前南斯拉夫和保加利亞均各擁有一部分「馬其頓地區」。因此，「馬其頓」若依地理概念，則涵蓋希臘的「愛琴馬其頓」、保加利亞的「皮林馬其頓」和塞爾維亞的「瓦爾達爾馬其頓」。再就民族面而言，居住在馬其頓的人，有其本身獨特的語言和文化，屬印歐語系斯拉夫語族，亦即南斯拉夫民族的一支，介於保加利亞語和塞爾維亞語之間，文字採用古斯拉夫字母。馬其頓人受拜占庭帝國影響較深，以信奉東正教居多數，但鄂圖曼帝國統治時間甚久，也有一部分歸化伊斯蘭教。

第三章 | *Chapter 3*

鄂圖曼帝國征服時代

第一節　鄂圖曼帝國勢力入侵

　　鄂圖曼帝國創始人鄂圖曼一世 (Osman I or Othman) 的祖先來自於烏古思 (Oguz) 突厥人的卡伊 (Kayi) 部落，十二世紀遷入安納托利亞。奧爾汗 (Orhan, 1324～1360) 時勢力達到馬摩拉海以及加利波利半島 (Gallipoli Peninsula)。穆拉德一世 (Murad I, 1360～1389) 進軍東南歐，1361 年奪取亞德里安堡 (Adrianople)，直接威脅拜占庭首都君士坦丁堡，1389 年在科索沃大敗巴爾幹諸國聯軍。

　　塞爾維亞人在 1180 年建立塞爾維亞王國，1331～1355 年史蒂芬‧杜山時期是塞爾維亞王國的鼎盛時期；1389 年科索沃戰役後，塞爾維亞等基督教國家相繼淪於鄂圖曼統治。

　　893～927 年西美昂時期是保加利亞王國的鼎盛時期，971 年被拜占庭兼併，1185 年第二保加利亞王國建立，1393～1396 年被

鄂圖曼帝國征服。

　　巴耶塞特一世 (Bayezid I, 1389～1402) 征服巴爾幹許多地區，但在安納托利亞平定土耳其小邦時，被來自中亞的帖木兒擊敗被俘身亡。穆罕默德一世 (1413～1420) 收復失地平定各小邦。之後穆拉德二世 (1421～1451) 又向歐洲進行征伐，1444 年在瓦爾納 (Varna) 再次擊敗歐洲的十字軍。

　　395 年羅馬帝國分裂為東、西兩部分，1453 年穆罕默德二世 (1451～1481) 率兵包圍東羅馬帝國的首都君士坦丁堡，企圖徹底滅亡拜占庭帝國。東羅馬帝國在君士坦丁十一世指揮下軍民浴血

奮戰，挫敗土軍多次攻擊，但終因寡不敵眾，城堡陷落，君士坦丁十一世陣亡，延續了上千年的拜占庭帝國至此滅亡，伊斯蘭教的勢力和文化正式進駐了巴爾幹半島。君士坦丁堡改名為伊斯坦堡，成為鄂圖曼帝國的新都，此時鄂圖曼帝國已直接統治巴爾幹諸國以及多瑙河河口。

　　羅馬尼亞十四世紀建立瓦拉幾亞公國和摩爾多瓦公國，從十五世紀起隸屬於鄂圖曼。

　　阿爾巴尼亞 1385 年被土耳其征服，雖 1443 年民族英雄斯坎

圖 14：斯坎德培　領導阿爾巴尼亞對抗鄂圖曼土耳其的入侵，被視為民族英雄。

德培 (1403～1468) 成功起義，但 1468 年死後阿爾巴尼亞淪於鄂圖曼統治。

　　1514 年謝里姆一世 (Selim I, 1512～1520) 在查爾德蘭 (Chaldiran) 擊敗薩非王朝的軍隊，隨後又掃平馬木路克王朝而稱霸敘利亞和埃及，控制伊朗和美索不達米亞之外的阿拉伯世界，領土增加一倍以上。

　　蘇萊曼一世 (Suleyman I, 1520～1566) 東征西討，海軍稱霸於地中海東部，疆域擴大到匈牙利、美索不達米亞以及北非的的黎波里，成為橫跨歐、亞、非三洲的帝國。

　　鄂圖曼帝國對巴爾幹各國人民的統治長達五個世紀 (1421～1918)，期間以蘇萊曼一世的勢力擴張達到顛峰，1683 年維也納戰役之後漸趨衰落，1699 年《卡爾洛維茨條約》(*Treaty of Carlowitz*) 簽訂使土耳其喪失許多領土。至十八世紀末葉俄、土、奧戰爭 (1787～1792) 之後，巴爾幹各族人民逐漸隸屬於奧匈帝國的管轄；同時俄國成為鄂圖曼的主要威脅。

　　十六世紀中葉以後鄂圖曼帝國開始由盛轉衰，1683～1792 年間的對外戰爭屢次受挫。謝里姆三世 (1789～1807) 力圖改革，因禁衛軍保守勢力的反抗而失敗。

圖 15：蘇萊曼一世

馬哈茂德二世 (Mahmud II, 1808～1839) 對外戰爭繼續受挫，埃及已取得事實上的獨立，希臘、塞維爾亞皆獲得自治，帝國僅能控制安納托利亞、伊拉克以及盧梅利亞 (Rumelia) 的大部分地區。

十九世紀巴爾幹民族紛紛獨立建國，塞爾維亞於 1804 年起義反抗鄂圖曼統治，1813 年被鎮壓，1815 年再次起義終獲勝利，1830 年成立自治的塞爾維亞公國。希臘人 1814 年由希臘籍的俄國將軍領導起義，1820 年進軍摩爾多瓦，由於俄國拒絕支持，致使該次起義失敗，但希臘本土起義獲得成功，1830 年希臘獨立。黑山則與鄂圖曼歷經 1852、1858、1862 年多次戰爭，建立獨立國家。

阿布杜勒邁吉德一世 (Abdulmecid I, 1839～1861) 時期，鄂圖曼帝國財力支絀，1854 年開始對外舉債，加上國內人民起義、屬地民族獨立運動高漲以及列強侵略，帝國改革未見成效。

1859 年羅馬尼亞的兩個公國摩爾多瓦與瓦拉幾亞分別在議會中舉行選舉，1861 年合併成為新的羅馬尼亞國家。但羅馬尼亞並未統一，特蘭西瓦尼亞被併入匈牙利，布科維那由奧地利統治，比薩拉比亞成為俄國的一部分。

1875 年阿布杜勒阿齊茲 (Abdulaziz, 1861～1876) 在位期間，黑塞哥維那和波士尼亞起義，震撼了整個巴爾幹半島。阿布杜勒阿齊茲後因宮廷政變而被廢，由莫拉德五世 (Murat V, 1876) 繼位。

1876 年莫拉德五世上任不久，因俄軍進逼，改由阿布杜勒哈米德二世 (Abdulhamid II, 1876～1909) 繼位，他任命米德哈特‧帕夏 (Midhat Pasa) 為相，被迫頒布第一部憲法，但它賦予蘇丹的權力仍然很大，不久阿布杜勒哈米德二世復辟，1877 年廢除憲法

解散國會，米德哈特被處死，並
推行泛伊斯蘭主義、實行獨裁統
治、迫害亞美尼亞人。被稱為「血
腥蘇丹」。

圖 16：莫拉德五世

1876 年保加利亞起義，塞爾
維亞和黑山對鄂圖曼宣戰，1877
年俄國對鄂圖曼宣戰，兵臨伊斯
坦堡。1877 年鄂圖曼在俄土戰爭
中大敗，被迫簽訂《聖·斯特凡
諾條約》，在 1878 年的柏林會議
上承認塞爾維亞、黑山和羅馬尼

亞成為獨立國家。保加利亞侷限於巴爾幹山脈以北，成為土耳其
總主權下的自治公國；波士尼亞和黑塞哥維那由奧匈帝國暫時佔
領，割讓卡爾斯 (Kars) 和巴統 (Batumi) 給俄國，帝國在歐洲的領
土只剩下馬其頓、阿爾巴尼亞和色雷斯。十九世紀末至二十世紀
初巴爾幹各國聯合反對鄂圖曼統治的鬥爭發展到新階段。

1908 年馬其頓在青年土耳其黨影響下發動起義，阿布杜勒哈
米德二世深恐叛亂擴大，遂不得已恢復憲法，1909 年阿布杜勒哈
米德二世被罷黜，代之以穆罕默德五世 (Mehmet V, 1909～1918)。

1911 年義土戰爭在北非爆發之後，1912 年塞爾維亞、保加利
亞、希臘、黑山四國趁機組成巴爾幹同盟打敗鄂圖曼，使其喪失
了歐洲領土，僅保有伊斯坦堡附近。1912 年末阿爾巴尼亞宣布獨
立。1913 年巴爾幹同盟內部因爭奪馬其頓而發生戰爭，塞爾維亞

圖 17：1911 年義土戰爭時義軍登陸的黎波里之情形

和希臘打敗了保加利亞，鄂圖曼對巴爾幹的統治從此結束。巴爾幹戰爭以後，保加利亞尋求奧匈帝國支持，而塞爾維亞等國則得到俄國的支持。1914 年 6 月 28 日奧地利皇儲斐迪南大公在薩拉耶佛 (Sarajevo) 被刺燃起第一次世界大戰， 土耳其為戰敗國，1918 年簽訂了《穆德羅斯停戰協定》，在歐洲的領土只剩下伊斯坦堡以及色雷斯的一部分。1919 年希臘軍隊佔領了伊茲密爾，推動安納托利亞人民反抗，穆斯塔法凱末爾將軍領導民族抗戰運動，1920 年成立大國民議會，1921 年改國名為土耳其，擊退希臘軍隊並收復伊茲密爾，戰事終告結束。

　　由土耳其人鄂圖曼建立的鄂圖曼帝國，以聖戰打天下，存活了六百三十二年 (1290～1922)，他們首先削弱拜占庭帝國，再征服大部分的巴爾幹和北非，於 1453 年攫奪君士坦丁堡，1529 年包圍維也納。在六百多年的時間裡，整個歐洲一直在伊斯蘭教的

勢力下和聖戰的威脅中。鄂圖曼帝國在全盛時代的版圖囊括歐洲東南部、亞洲西南部及北非，第一次世界大戰結束時，英國、法國和義大利對鄂圖曼帝國施出致命一擊，分食鄂圖曼土地，帝國只剩土耳其。鄂圖曼帝國之崩潰和近代帝國主義興起後，除了在巴爾幹半島及部分歐洲出現一些新國家之外；最重要的是，伊斯蘭教陣營逐漸變成落後、守舊、保守、貧弱和動亂的代名詞。賓拉登曾在電視談話中指出，「伊斯蘭教八十年來受辱」，即指鄂圖曼帝國崩潰以後八十年。

第二節　鄂圖曼帝國殖民統治制度之建立

　　經過多個世紀以來伊斯蘭教武力渴望達到的目標，隨著君士坦丁堡淪陷，鄂圖曼帝國的蘇丹麥何密二世，穩固的撮合了他所繼承的兩個大陸——亞洲與非洲——的結合，在此後的執政期間，他致力於歐、亞兩面邊界上的軍事行動。鄂圖曼土耳其的軍隊在歐洲降服了摩里亞半島（Morea，即伯羅奔尼撒半島）上最後一個希臘人的專制君主，把塞爾維亞與波士尼亞變成鄂圖曼的省份，並且佔領多個島嶼。

　　對於鄂圖曼帝國的皇帝而言，政府與軍隊都是他的私人奴隸，這些人相對於人民大眾，享有特權與諸般豁免，但若想與君主的意旨相抗，則完全不可能。

　　土耳其人的文化，雖曾接受拜占庭帝國的影響，但其典章制度仍保持不少早期游牧時代遺留的色彩。鄂圖曼土耳其帝國統治

的主要特點，就是將所有臣民分成三部分：第一「自由的伊斯蘭教徒」；第二「被奴役的伊斯蘭教徒」；第三「不信奉伊斯蘭教的土耳其人」。

其中自由的伊斯蘭教徒就是那些皈依伊斯蘭教的土耳其與其他種族，受「烏里瑪」(Ulema) 的管理，烏里瑪是一批具有學識的高級教徒，有權教授或解釋法令，理論上，蘇丹只是法令的執行者。被奴役的伊斯蘭教徒是組成鄂圖曼軍隊的基幹，因鄂圖曼帝國屬政軍一體，所以他們就形成了官僚集團，最高可官至宰相，但可被蘇丹任意更換或處死。最後，不改信伊斯蘭教的猶太人與基督徒，均被視同牲畜，穿著特別服裝、繳納重稅、不可攜帶武器、須向土耳其人行禮。

在軍隊方面，老戰士定期由出身寒微的新到奴隸遞補，這防止了權力中心產生世代相承的貴族階級；與此同時，封建士紳藉由可以收回和只有使用權的封邑，與蘇丹發生連結關係，士紳只需在封地中安穩度日，並確保農業蓬勃發展與維護農村秩序即可。

鄂圖曼體制架構崩解的早期徵兆，約在十六世紀後期開始出現，其中很重要的就是士紳階層的衰敗，造成他們走下坡的因素主要有二：一為蘇丹比較喜歡用專業的「奴」兵而非封建騎兵，因為他們可以馬上提高指揮效率，自主性也沒那麼強，另一方面是戰爭科技的進步，需要組織更多專業的常駐軍團，如火器營、砲兵團、工兵營等，降低了封建騎兵的重要性。

封建騎兵衰退，常備軍於是快速增加，維持軍隊的開銷也迅速增加，這是鄂圖曼帝國後來奪取封建主死後所遺留的封地之原

因。蘇丹為了要迅速獲取現金收入，遂不直接去管理土地，轉而以各種出租與讓渡的形式，將土地釋放出去，這些租讓是金融性而非軍事性。最初租讓土地者得到的只是短暫的期限，其後這個辦法擴大，頒授給他們終身的權益，而在濫用之下，這種終身的權益就成了代代相傳、可以轉讓的了。

在封建制度方面，鄂圖曼帝國的軍事封邑「町碼兒」(timar)，可以隨時收回、轉移，並受軍功狀況所約制。雖然實際上通常的做法是，封建士紳的繼承人可以得到父親的封地，但這並非權利，而必須視繼承者履行軍事服務的能力而定。士紳也可從一塊封地轉往另一塊，從一個省份轉往另一省，這是常有的事。快到十六世紀末期的經常做法是，封建主死後即收回其封地，不再轉手，而把該土地直接併入蘇丹名下。十六世紀以降的土地登記冊顯示出封邑面積遞減，而王畿面積相對增加，這在亞洲特別顯著，歐洲的情況則較不明顯。

蘇丹將收回的土地租讓，此制度很快的傳遍帝國各地，不只皇室的土地受影響，許多頒賜給顯貴或朝中寵臣作為食邑的封地，也被他們租讓出去，最後甚至連士紳階級也依樣畫葫蘆。租讓行為造成了一個新興地主階級的產生。

在社會階級方面，永久控制稅收和租借地所衍生出來的經濟與社會力量，在各省製造出一個新生的有田有地、呼風喚雨的階級。該階級居於統治者與平民之間，擷取了大部分的收入，很快在地方事務中佔有舉足輕重的角色。理論上他們只是以租借人的身分握有產業，但當政府越來越微弱、無法控制省份時，這些新

地主就可以增加手中物業的面積以及延長租借期限，到了十七世紀時，他們甚至開始篡奪某些政府工作，剛開始被視為奪權，但到了十八世紀財政與行政緊張的時刻，統治者發現把省務督導之責交予這些地主，甚至於讓他們主持各省的市鎮運作，都是合算的，此時這些新地主已經開始類似封建士紳階級了。

　　而奴隸階級也在十六世紀後期開始有明顯的改變，此時出現一明顯指標，即募兵政策的改變。新軍兵團是一封閉的特權組織，權力極大，也因一種強烈的「兵團精神」緊密團結在一起。一開始的時候，他們全是自基督教徒與基督教奴隸之中募集而來。這些募集而來的新軍參加了神祕的 「拜克塔什兄弟會」(Bektashiyya)，新軍兵團在建軍之初，便與此會發生聯繫，成了抱持獨身主義的獻身軍士。新軍兵團的式微，可追溯至開始以繼承與付款方式募兵的時候。這種新辦法原本只是用來補充俘虜與奴隸組成的軍團，後來卻完全取而代之。第一個問題在於新軍娶妻案例增加的後果，這在蘇萊曼大帝時代就很普遍，到了謝里姆二世登基時則認可這項權利。1568 年，謝里姆二世同意將新軍之子列為儲備軍士，並可得到配給，到了 1592 年，他們已成為新軍兵團的主體，在接近十六世紀末的伊朗戰事中，新軍兵團成員形形色色，不論人種、身分、地位，雜亂無章，從此軍紀蕩然無存。

　　募兵政策的改變，對宮廷的僕役學校也造成廣泛的影響，皇室的家丁與國家高級官員，就是從宮廷的僕役學校選出，在鄂圖曼帝國的奴隸中，出身巴爾幹半島與其他歐洲地區的人表現較出色，但在十六世紀末，喬治亞人、切爾卡斯人、車臣人、阿巴札

人開始嶄露頭角。宮廷中派系有各種形式的衝突，主要來自於大宰相與皇宮禁苑人士之間的拉鋸，支持大宰相的是官僚體制中的自由身分人士，大宰相在皇宮中的人脈較廣，所培養的人無論是奴隸或自由身分人士，皆遍布帝國行政機制當中。

　　宗教方面，在十五到十六世紀時，難民是從西方世界移往東方，1492 年猶太人被逐出西班牙，以及在自己國家受到宗教迫害的基督徒，都逃難到土耳其。當鄂圖曼帝國在歐洲的統治終止時，那些受統治的基督徒仍然保有其語言、文化、宗教與某些體制。

　　平民生活方面，居住於鄂圖曼帝國歐洲佔領區的人民，在整體生活上有許多的改善，帝國政府為當時失序和衝突的地方帶來穩定與統一，這在社會及經濟方面都有重要成果。征服戰爭期間，摧毀了絕大部分的古老世襲土地貴族階層，無主的田莊則賜給鄂圖曼軍人作封邑，這項頒授是針對軍人本身或是短期的，受封邑者一旦停止履行軍事職務，就喪失所有權。而封邑本身並無世襲權利，也沒有領主裁判權。在另一方面，農民往往享有事實上是世代租佃的形式，其擁有權受到鄂圖曼帝國之保障，免於被細分或是大批集中。相對於過去基督教統治者的時代，此刻的農民擁有更多自由，他們繳交的稅也經過適度評估，徵集方式亦符合人道。這種安逸生活使人民安於鄂圖曼帝國統治，帝國之長治久安大多得力於此，直至民族主義的理念以石破天驚的態勢從西方滲入為止。

第三節　伊斯蘭文化在巴爾幹落地生根

　　土耳其人侵入前，巴爾幹半島的南斯拉夫人可分為兩部分，文化也分為東西兩型。西羅馬帝國滅亡之後，巴爾幹半島與西方世界的經濟和文化都比拜占庭落後，而且多少受到拜占庭的影響。直到第十和十一世紀，西方經濟發達，才創立自己的藝術形式。1054 年的宗教分裂，教皇使沿岸和西部的南斯拉夫人直接受西歐文化的影響，再加上克羅埃西亞和達爾馬奇亞長期受傾向羅馬的匈牙利王室統治，以及在阿爾卑斯山地區的斯拉夫人政治上與日耳曼人聯繫，使巴爾幹半島西部更加西歐化。

　　在東部的塞爾維亞和馬其頓，是拜占庭的勢力圈，雖然尼曼吉德王朝在反拜占庭鬥爭中產生，但由於與君士坦丁堡拉丁帝國的關係，文化上是拜占庭式的。馬其頓長期屬拜占庭，獨立的塞爾維亞教會，也是按拜占庭路線而組織，並譯希臘的宗教儀式、教律和其他經文，因此，拜占庭在東南斯拉夫的影響力甚大。

　　東部地帶，大多數神學和法律的著作，都譯自希臘文，尤其是拜占庭地區。塞爾維亞統治者被迫用希臘文《聖經》，以聯繫近鄰。馬其頓也用希臘文《聖經》，教會著名領袖們也用希臘文寫作。而在西部地帶，羅馬教會以拉丁文為正式語文，也是傳播西歐文化的媒介。斯拉夫人的教會儀式、經典都使用拉丁文。行政文書、官方通信、法定紀念物也是拉丁文。

　　處在西歐與拜占庭兩個不同世界的影響下，南斯拉夫人之間

的文化差異逐漸加深，形成了各具特點的文化區域。在土耳其佔領時期，南斯拉夫東、西部之間文化發展的差異也越來越大。

當蒙古攻打中亞細亞時，突厥－烏古思人游牧聯盟不過數千帳，隨後西遷，投靠賽爾柱 (Seljuk) 的伊戈尼烏姆 (Iconium) 蘇丹。他賜給他們一塊與拜占庭接壤的小領地，十四世紀中葉賽爾柱王朝分裂，烏古思族長鄂圖曼創立帝國。鄂圖曼利用拜占庭王朝的內訌，伺機擴大領土。1331 年開始一連串的侵略行動，並侵入巴爾幹半島。

土耳其的侵略和統治巴爾幹半島所帶來的後果是：曾抵抗土軍的城市與鄉村都受到洗劫和焚燬，居民如未被屠殺就是淪為奴隸。因此，隨著土耳其的佔領導致了大規模的殖民行動和人口的變遷，人民往北方逃走，塞爾維亞人於十五～十六世紀移往匈牙利南部，克羅埃西亞人渡過庫帕河 (Kupa R.) 入伊斯特里亞，遠至各島。在海岸地區的人民成群遷往義大利。這種遷徙，使民族混合，某些傳統消失和改變，並改變塞爾維亞與克羅埃西亞的語音和習慣。

基於鄂圖曼的統治方式，若想在軍事和行政機關中獲得職位，或在市鎮的經濟活動中迅速致富，就要改奉伊斯蘭教。改信奉伊斯蘭教最多的為波士尼亞，因為在土耳其侵入時，波士尼亞並未獲得有力教會組織的支持。

受土耳其統治的巴爾幹一部分封建主改信奉伊斯蘭教，參加鄂圖曼帝國的統治階層。信奉基督教的人民，卻受到各種的壓迫，他們沒有任何政治權利，禁止攜帶武器、騎馬、穿華服、建豪宅，

當然也要負擔苛重的稅捐。基督教人民受盡了伊斯蘭教徒勝利者
的剝削與虐待，他們的生活成為歷史上最痛苦黑暗的一頁。

　　東正教會聽命於君士坦丁堡大教長，他徵收特別稅，享有對
土耳其東正教臣民的民事司法權和其他特權。這些高級希臘僧侶
與土耳其人共同充當壓迫者，信奉伊斯蘭教的就給予軍事訓練，
基督教奴隸改信奉伊斯蘭教，就可以獲得自由，因此有人改信奉
伊斯蘭教。這些改宗者接受伊斯蘭文化，所有的伊斯蘭市鎮都有
初級學校 (Mekteb) 教導阿拉伯文和誦《可蘭經》。大城市設有中
級學校 (Medresa)，教導東方語言、伊斯蘭法律、哲學和數學，薩
拉耶佛、貝爾格萊德和斯科普里都有著名的中級學校。高級教育
在伊斯坦堡、開羅、大馬士格等地。其他教育機構是清真寺，清

圖 18：波契泰利　沿著黑
塞哥維那境內的奈雷特瓦
河峭壁上建築而成的小鎮，
極具東方風格，鎮裡的清真
寺建於 1563 年，並有成立
於 1664 年的伊斯蘭中級學
校。

真寺除做禮拜外，也是苦修派僧侶的總部 (Tekyas)，直至今日，這些機構都有圖書館，藏書量大，保藏許多阿拉伯、波斯和土耳其手稿。

伊斯蘭的文學、歷史和音樂的影響，表現在南斯拉夫的民歌與舞蹈，在塞爾維亞、克羅埃西亞和馬其頓中約有三千個斯拉夫化的文字，源自土耳其語，遺有阿拉伯、土耳其和波斯的語源：許多塞爾維亞、克羅埃西亞地區的詩歌都是用阿拉伯文寫成，直到如今，在波士尼亞的穆斯林中不論私人或官方間仍使用基里爾字母。許多散文作品也多為阿拉伯文，主要敘述宗教和法律問題，現在已能確定有一百多名詩人是用波斯文和土耳其文撰寫有關戰爭、故鄉的詩篇，然而這些詩篇往往帶有與官方觀點針鋒相對的思想，最後這些詩人往往被當作分裂教派教徒流放在外。

伊斯蘭的藝術，主要在建築，每個蘇丹和許多大臣都建清真寺、宮殿或其他建築物以標誌自己的統治。十六世紀所建八十多座清真寺，都是宏偉壯觀的，其中最著名的就屬伊斯坦堡的蘇萊曼清真寺 (1557) 和埃及的謝里姆清真寺 (1574)。又土耳其在巴爾幹半島的建築技術是採用當地的傳統，伊斯蘭教禁止圖繪生物，所以只有植物圖案和幾何圖案的壁畫、木刻、石刻和金屬雕刻、石膏浮繪和大理石浮雕、花乳石和玻璃鑲嵌工藝。土耳其工匠善造金、銀和象牙等鑲嵌品、雕刻和刻畫品裝飾武器，藝術水準高超。其實繪畫生物的禁令常被破壞，因此，裝飾手稿時繪有人物和獸類的精細畫。只要有穆斯林居住的地方，不管市鎮和鄉村都有他們的物質文化。不受侵入威脅的市鎮，每家都有花園，布置

圖 19：莫斯塔城（前黑塞哥維那首都）及坐落於奈雷特瓦河上的
單孔橋

美觀。市鎮中心有公共建築物、商店和一般房舍。市民住宅依照
種族、宗教而有所區分，居民按照宗教信仰和民族分別聚居在不
同的地段，就結構和外觀來看，居民區與商業區建築風格截然不
同。市中的商人住宅，用石建、圓頂、底層為倉庫，上層為臥房。
市民住宅多為磚建，有談話間、抽煙間、陽臺，室內有木材、金
屬和皮革的手工藝品。而基督徒住處大多與穆斯林分開，保有自
己的生活方式，只要接受統治，生活就不受干涉。最主要的公共
建築物為清真寺，清真寺是圓頂式的方形建築，寺旁邊有細長的
高塔，寺中有名人的墓地。在橋梁建築方面，最著名的建築為在
奈雷特瓦河 (Neretva R.) 上的單孔橋——莫斯塔橋，與橫跨德里納
河的維舍格勒橋，此橋是為了紀念穆罕默德·巴夏·索科洛維奇
而修建的。

　　在鄂圖曼帝國中的各種族並不混合，而且帝國建立的部族制
度更增加了本質上與法律上的阻礙，使不同的信仰型態，和文化
氣息缺乏統一與融合的因素，逐漸加深不同種族間的裂痕。

哈布斯堡王朝對鄂圖曼帝國的挑戰

　　十六、十七世紀，航海技術蓬勃發展，西班牙為歐洲最早向海外擴張的殖民主義帝國，它在中南美洲建立廣大的殖民體系，成為歐洲最大的殖民帝國。1516 年西班牙國王斐迪南死後，因無子嗣，遂由其外孫查理繼承，稱為查理一世。查理一世從母親繼承了西班牙及其所屬領地那不勒斯王國、西西里、薩丁尼亞和美洲殖民

圖 20：哈布斯堡王朝的查理一世

地；同時又從父親繼承哈布斯堡王朝世襲的領地。在 1519 年查理一世獲選為神聖羅馬帝國的皇帝，並按照神聖羅馬帝國皇帝繼承傳統稱為查理五世。自此，哈布斯堡王朝成為歐洲最大帝國並持續與鄂圖曼帝國相抗衡。

第一節　哈布斯堡王朝的擴張

　　西元十世紀下半葉，薩穆伊爾建立了第一個馬其頓國，1018年為拜占庭人所滅。十一世紀，斯拉夫人在黑山也建立了杜克列亞國，後又改稱澤塔國。十二世紀末葉，又建立波士尼亞國。十三世紀初建立塞爾維亞國，在史蒂芬‧杜山皇帝執政期間，其疆土幾乎佔了巴爾幹半島的三分之二。但它的存在也不超過兩個世紀，十四世紀末在鄂圖曼土耳其人入侵下解體。

　　外族統治時期從十四世紀到十六世紀，土耳其人征服了巴爾幹半島，消滅了南斯拉夫境內的斯拉夫國家，在塞爾維亞、馬其頓、波士尼亞－黑塞哥維那及黑山部分地區建立了長達五個多世紀的軍事封建統治。同時，克羅埃西亞、斯洛文尼亞、亞得里亞海沿岸分別被奧地利和威尼斯共和國所佔領。只有杜布羅夫尼克共和國直到十九世紀初仍保持著獨立地位。從此，南斯拉夫兩部分分別屬於不同的政治、經濟、宗教和文化，歷史地理形成了三種主要宗教：東正教、天主教和伊斯蘭教。並且存在著三種不同的斯拉夫語言：塞爾維亞－克羅埃西亞語、斯洛文尼亞語和馬其頓語。使用兩種不同的字母：基里爾字母和拉丁字母。這種宗教和文化上的差異一直延續到今天。

　　1354年土耳其開始入侵，並於1459年佔領了塞爾維亞，開始了四百多年的統治，直至1882年塞爾維亞才重新獨立。克羅埃西亞人和斯洛文尼亞人居住的薩瓦河流域，一直以來都是全國經

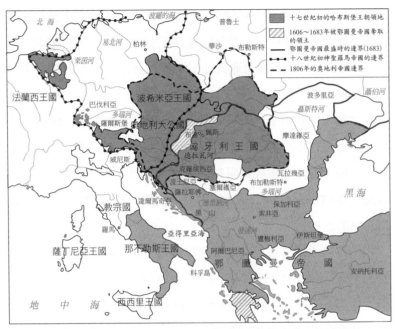

圖 21：十七～十八世紀的巴爾幹半島

濟發展程度最高的地區，但兩個民族建立自己獨立國家的政權都歷時不長，歷史上大部分時間受土耳其、匈牙利、奧地利輪番統治。中、南部山區開發時間較晚，直到十二世紀和十四世紀才先後建立了波士尼亞國家和黑山國家。1453 年土耳其佔領了波士尼亞，此後多數居民均改信伊斯蘭教，1908 年又為奧匈帝國所吞併。在 1683～1699 年的戰爭中，土耳其企圖聯合對奧地利哈布斯堡王朝不滿的匈牙利封建主軍隊進行對奧的戰爭。

1683 年 7 月，土耳其軍隊圍困維也納。奧匈帝國得到波蘭軍隊的支持，9 月，土耳其軍隊均被擊潰，損失慘重。維也納一戰

的敗北，迫使鄂圖曼帝國轉為防禦型態，並逐步撤離中歐。1684
年，奧地利、波蘭和威尼斯之間建立反土耳其的「神聖同盟」，之
後於 1686 年，俄國加盟進入神聖同盟。此後，戰局開始發生變
化。1686 年，奧軍攻佔被土耳其佔領的布達，1687 至 1688 年，
先後佔領匈牙利東部、斯洛文尼亞、貝爾格萊德等地。1689 年，
土耳其海軍在多瑙河上的維丁城附近敗北。同年，土耳其曾一度
扭轉敗局，迫使奧軍放棄原先佔領的保加利亞、塞爾維亞和特蘭
西瓦尼亞 (Transylvania) 等地。由於俄國的參戰，使奧地利得以恢
復勝利的態勢。

　　1697 年 9 月，奧軍在蒂薩河畔澤特一戰獲勝，土軍陣亡三萬
餘人，損失相當數量的武器。依據 1699 年奧地利、波蘭、威尼斯
與土耳其簽訂的《卡爾洛維茨條約》，以及次年俄國、土耳其簽訂
的《伊斯坦堡和約》，奧地利獲得了匈牙利、斯洛文尼亞、特蘭西
瓦尼亞和克羅埃西亞大片領土；波蘭獲得德聶伯河西岸烏克蘭南
部和波多里亞；威尼斯獲得摩里亞和愛琴海中的土屬各島；俄國
獲得亞速夫要塞。這是對鄂圖曼帝國的第一次分割。

　　十五世紀起，土耳其征服塞爾維亞，統治長達近五百年；澤
塔王朝淪陷，黑山在二百年的時間裡一直處於土耳其的邊境省地
位。1878 年柏林會議促成塞爾維亞和黑山獨立。1882 年和 1910
年，塞爾維亞和黑山相繼建立王國。1918 年第一次世界大戰後，
南部斯拉夫一些民族聯合成立了「塞爾維亞－克羅埃西亞－斯洛
文尼亞王國」，1929 年改稱南斯拉夫王國，塞爾維亞和黑山成為
其中的一部分。

一、斯洛文尼亞

　　斯洛文尼亞人自六世紀移居到今住地後，曾受外國統治達一千多年。在這期間他們曾進行反抗異族壓迫、爭取領土統一及政治獨立的鬥爭。直到 1918 年加入統一的南斯拉夫國家時，還有近五十萬人仍處於義大利和奧地利的統治之下。在舊南斯拉夫，斯洛文尼亞人也未獲得平等地位。斯洛文尼亞早在八世紀即成立第一個國家組織，但因受到日耳曼人的打擊，不久滅亡。十三世紀後期起，成為奧地利哈布斯堡王室的領地。十九世紀末至二十世紀初，斯洛文尼亞則是在奧匈帝國的統治之下。斯洛文尼亞人居住在當時屬於奧匈帝國的領地，因而居民的生活水準普遍較好，有相當多的人生活在日耳曼地區，有的斯洛文尼亞人還被奧匈帝國派往克羅埃西亞邊屯區擔任軍事指揮官。

　　第一次世界大戰後奧匈帝國解體，斯洛文尼亞與塞爾維亞、克羅埃西亞共同成立南斯拉夫國家。

二、克羅埃西亞

　　西元九世紀，克羅埃西亞人有了自己的獨立國家，十一世紀進入全盛時期，版圖迅速擴大，但到 1102 年被匈牙利吞併（匈牙利國王兼任克羅埃西亞國王）。西元 1102～1527 年間，克羅埃西亞處於匈牙利王國統治之下。十六世紀克羅埃西亞部分被土耳其佔領。1526 年莫哈契戰役後，維也納的哈布斯堡王朝繼任匈牙利國王，克羅埃西亞也隨之成為奧國的屬地。1527～1918 年間，克

羅埃西亞受哈布斯堡王朝統治，直到奧匈帝國分崩離析。其間，
1867 年奧匈帝國成立後，克羅埃西亞回歸匈牙利。帝國解體後，
克羅埃西亞與塞爾維亞及斯洛文尼亞組成南斯拉夫國家。克羅埃
西亞和斯洛文尼亞的克羅埃西亞人其文化和生活方式均受匈牙利
的影響。達爾馬奇亞和伊斯特里亞的克羅埃西亞人很早就同義大
利人交往，其經濟、文化也受到義大利的影響。

土耳其的佔領導致巴爾幹地區一分為二，南方是鄂圖曼帝國
統治下的塞爾維亞人、保加利亞人、馬其頓人、阿爾巴尼亞人和
一部分波士尼亞人，北方是奧匈帝國統治下的斯洛文尼亞人、克
羅埃西亞人和佛依沃丁那人，當時奧地利的維也納是歐洲文化的
中心，與土耳其的專制政體形成強烈的對比。1683 年，奧地利打
敗了土耳其，隨後乘勝追擊，收復了塞爾維亞。奧國軍隊移到多
瑙河以北，大批塞爾維亞人害怕土耳其軍隊的報復，紛紛隨軍北
遷。特別是克羅埃西亞和佛依沃丁那，而皈依伊斯蘭教的阿爾巴
尼亞人則移居科索沃，填補了塞爾維亞人留下的空缺。

在此值得一提者，鄂圖曼帝國佔領科索沃後，為了維護統治
者的利益，實施一種改變當地居民宗教信仰的政策。在此之前，
當地塞爾維亞人信仰東正教，阿爾巴尼亞人則信奉天主教。鄂圖
曼帝國雖然沒有採取強制性措施來改變當地居民的信仰，沒有規
定非信伊斯蘭教不可，他們允許東正教、天主教的存在，但教徒
必須向當地政府繳納人頭稅，而這種稅款相當高，幾乎使一般東
正教、天主教教徒無力承擔，而如果有誰皈依伊斯蘭教成為穆斯
林，就可以免交此項稅款，故而許多阿爾巴尼亞人接受了伊斯蘭

教，在這種情況下，許多塞爾維亞人紛紛遷徙到基督教地區，這種長途跋涉在十七世紀達到頂峰。從十七世紀中葉到十八世紀初，約有三、四萬塞爾維亞人移居到哈布斯堡帝國的匈牙利地區或亞得里亞海的克羅埃西亞地區。

　　土耳其統治者將流亡者留下來的土地與房屋分給改變了宗教信仰的阿爾巴尼亞人，並把居住在相鄰地區的阿爾巴尼亞人遷入科索沃，到十八世紀，科索沃已成為阿爾巴尼亞人佔多數的地區。

第二節　鄂圖曼帝國勢力的衰退

　　十七世紀，地方開始形成新的封建主階層──阿揚，加強了帝國的封建分散性。歐洲物價革命的影響波及鄂圖曼帝國，既加重了農民的賦稅負擔，又加深了帝國的財政危機，鄂圖曼帝國在對外戰爭中連遭敗北，1683 年遠征維也納以慘敗告終，1699 年被迫簽訂割地的《卡爾洛維茨條約》。西方列強乘機通過不平等條約攫取各種特權。同時，鄂圖曼蘇丹的專制統治，激起人民強烈不滿。十六至十七世紀的傑拉里運動❶，動搖了帝國的統治基礎。1730 年首都伊斯坦堡爆發的帕特羅納‧哈利爾起義❷表明帝國

---

❶　十六～十七世紀鄂圖曼土耳其紛紛暴發農民反抗蘇丹殘暴統治起義，而皆以首次發動者傑拉里為號召，故稱為傑拉里運動。

❷　十八世紀初，封建統治者耗費巨資競相修建宮苑、別墅，過著驕奢淫佚的生活；1720 年代與伊朗的戰爭，導致新舊稅不斷增加，高利貸猖獗，廣大人民生活貧困不堪，對統治階級的憤懣與日俱增；宰相伊布

　　內部的矛盾已十分嚴重。十八世紀末的兩次俄土戰爭，使得鄂圖
曼帝國更加衰弱，此外巴爾幹被壓迫進而謀求民族獨立的起義，
也加速了鄂圖曼帝國的瓦解進程。

　　帝國覆滅的危險，促使一些政治家尋求擺脫危機的方法。謝
里姆三世推行「新制」改革，其重點是加強軍事實力，仿照歐洲
建立一支新軍。1807 年 5 月，耶尼切里兵團發動叛亂，廢除「新
制」。1826 年 6 月，蘇丹馬赫穆德二世殲滅耶尼切里兵團，重建
新軍；還廢除町碼兒，開設軍校，提倡世俗教育，整頓稅制。土
耳其在俄土戰爭 (1828～1829)、兩次土埃戰爭 (1831～1833,
1839～1841) 中的失敗，以及 1839 年英、法、俄、奧、普五國聯
合干預土埃衝突，促使鄂圖曼帝國政治家進一步推行改革，謀求
鞏固封建統治，消除基督教徒臣民的不滿和反抗，防止列強干涉
內政。1839 年 11 月，蘇丹阿布杜勒邁吉德一世 (1839～1861) 頒

拉希姆帕夏 (Ibrahim Pasa) 等囤積小麥，高價拋售，更激起城市居民的
怨恨。1730 年 9 月下旬，土軍在伊朗戰敗的消息傳到首都伊斯坦堡，
成為起義的導火線。9 月 28 日，手工業者、小商販、貧民、耶尼切里
士兵等三千人在巴耶塞特廣場集合舉事。起義領導人是耶尼切里士兵
帕特羅納・哈利爾 (Patrona Halil)。起義者得到群眾的廣泛支持，很快
擴展到八萬人。蘇丹艾哈邁德三世 (1703～1730) 被迫接受起義者的要
求，將宰相伊布拉希姆帕夏等三名大臣處死。10 月 1 日起義者廢黜艾
哈邁德三世，另立其姪馬赫穆德一世 (1730～1754) 為蘇丹。新蘇丹一
面下令廢除新稅和舊稅的增加部分，以安撫人民；另一方面卻於 11 月
26 日把哈利爾等人騙至宮內殺害，接著殘酷屠殺起義者。1731 年 3
月，伊斯坦堡又爆發人民起義，亦未成功。

布〈坦齊馬特敕令〉，宣布帝國臣民不分宗教信仰一律平等，其生命、財產、名譽均受保障等原則。

在穆斯塔法・賴希德帕夏 (1800～1858) 領導下，推行了一系列改革措施，如制定《刑法》、《商法》等法典，召集地方代表會議，推行世俗教育體制等。1856 年阿布杜勒邁吉德一世再次下詔，重申改革的決心。這些改革收效甚微，卻擴大了西方列強在土耳其政治和經濟上的影響。

克里米亞戰爭後，鄂圖曼帝國對列強的政治經濟依賴日益加強，阿拉伯和巴爾幹地區的民族運動繼續蔓延，一部分自由派人士認識到〈坦齊馬特敕令〉不足以救國，從 1860 年代初起，逐漸形成了新鄂圖曼人的君主立憲運動。1876 年 5 月，具有革新思想的米德哈特・帕夏等人發動宮廷政變，廢黜蘇丹阿布勒阿齊茲，立莫拉德五世。同年 8 月，莫拉德五世因精神錯亂被廢，他的弟弟，阿布杜勒邁吉德一世之子阿布杜勒哈米德二世繼位。12 月 23 日，即列強君士坦丁堡國際會議開幕當天，蘇丹阿布杜勒哈米德二世被迫頒布帝國第一部憲法。憲法規定實行兩院制，全體鄂圖曼臣民一律平等，蘇丹擁有任免大臣、統帥軍隊、對外宣戰媾和、召集或解散議會等權力。1878 年 2 月，蘇丹利用帝國在俄土戰爭 (1877～1878) 中失敗之際，宣布解散議會，恢復了專制統治。

立憲運動失敗後，阿布杜勒哈米德二世對內專制獨裁，壓制一切改革和進步活動；對外服從帝國主義，出賣主權。土耳其最終淪為西方列強的半殖民地。1881 年蘇丹頒布〈穆哈雷姆敕令〉，宣布建立鄂圖曼國債管理處，接受它對國家財政的監督。國債管

理處及鄂圖曼帝國銀行、列日煙草專賣公司、鐵路租讓權、外資控制的市政工礦企業等，成為外國資本家操縱帝國財政經濟命脈的工具。突尼西亞、埃及等大片屬地被列強瓜分。

　　十九世紀末，土耳其的社會經濟生活中發生了一些變化。煙草、棉花等經濟作物的產量成倍增長，商品經濟發展，城市人口增加；以商業資產階級為主體的土耳其民族中產階級正在形成。在這種情況下，中產階級要求立憲自由和反對外國干涉的運動有了新發展，並逐漸與農民反封建運動和少數民族自主運動相結合。1908 年 7 月青年土耳其黨人在馬其頓發動革命，很快結束了阿布杜勒哈米德二世的專制統治。由於民族資產階級極端軟弱，它無力解決革命所面臨的社會、經濟問題。

　　鄂圖曼帝國和奧匈帝國為了維護對南部斯拉夫人的統治，對南部斯拉夫各族人民實行「分化治理」政策，利用其內部矛盾，進行分化瓦解，使其喪失民族意識，壓抑其民族主義傾向。

　　鄂圖曼帝國對不同的地區採取不同的統治方法。如黑山族所居住的地區大多是黑石峭壁的地區，而且黑山人英勇善戰，具有尚武精神。所以鄂圖曼帝國並未直接派軍隊進佔黑山地區，而是要求黑山當權者每年向帝國繳納人頭稅以及貢品。對於塞爾維亞族居住的大片地區，鄂圖曼帝國主要透過宗教進行滲透和分化。它不准塞爾維亞族信奉東正教，利用各種手段要求這些信徒改奉伊斯蘭教。並規定，凡是穆斯林教徒，可晉升上層社會；農民如改信伊斯蘭教，可免交某些捐稅。這一政策使許多塞族人改信伊斯蘭教，特別是在與奧匈帝國接壤的波士尼亞地區，相當多的南

部斯拉夫人成了穆斯林。在現今波黑境內的穆斯林族大多是由於這種政策所形成的。

　　鄂圖曼帝國還強迫佔領區兒童從小離開父母和家庭，進行集中教育和培養，使之成為近衛隊的兵源之一，迫使南斯拉夫人後代土耳其化。他們還將其佔領地區的人分等級，給予不同地位。凡是為其統治服務、效力的地主、軍人均享有很高的地位，而一些普通平民則被稱為「賴雅」（即畜牲的意思）。

　　奧匈帝國也在克羅埃西亞扶植了大批封建貴族，並使之成為帝國的「走狗」。克羅埃西亞人雖然享有一定的自治權，但得充當抵禦土耳其人從該地區入侵的砲灰。奧匈帝國在與土耳其佔領區接壤的地區設立了邊屯區，由帝國軍事委員會直接管轄，駐守的士兵大多是塞爾維亞難民，奧匈帝國對邊屯區內的塞族人給予種種優待，如獲得一定數量的耕地，可免繳部分捐稅，免服部分勞役等，塞族人由於受這些「優越」條件的誘惑，比較忠於奧匈帝國皇室。平時他們在家種田，一手拿槍，一面耕種，以隨時應付土耳其帝國的侵犯。這種邊屯區從十六世紀開始一直延續了很長的一段時間。1881 年邊屯區取消，該地區塞族人便作為克羅埃西亞的一部分併入克羅埃西亞，同樣塞族人佔克羅埃西亞境內人口的比例就比較大，1910 年時共有六十四萬六千人，佔克羅埃西亞人口的百分之二十四點六。

　　土耳其和奧匈帝國長時間的分治政策，造成了巴爾幹半島上南部斯拉夫人間的矛盾和隔閡，埋下了民族衝突的種子。然而，南部斯拉夫人的民族意識並沒有因此而消失，進而希望建立屬於

自己的國家。

第三節　列強對巴爾幹半島的覬覦

　　在西歐啟蒙思想的影響下，以及土耳其帝國在巴爾幹半島統治勢力的削弱，致使巴爾幹半島各民族起而反抗，要求獨立的聲浪高漲。在十八世紀中期以前，對巴爾幹半島的爭奪霸權主要是俄國、奧匈帝國與土耳其，然而，在 1756～1763 年的「七年戰爭」之後，歐洲局勢產生很大的變化，法國的衰敗、英國在海外和歐洲的勝利、普魯士的復興，使歐洲形成俄國、奧地利、英國、法國、和普魯士五國勢力角逐的大棋盤。它們相互利用，同時也相互猜忌，透過結盟、協商等方式，以維持自身既得利益和擴大自己的勢力範圍。此時，俄國西進與哈布斯堡王朝的東進，讓其餘歐洲列強在夾縫中尋求利益分贓，而日漸衰敗的鄂圖曼帝國遂成為列強逐漸蠶食的地區。俄國對於西進巴爾幹半島虎視眈眈已久，其與奧匈帝國競相在巴爾幹地區擴大勢力，並在 1782 年達成雙方瓜分巴爾幹半島的祕密協定，其中包含建立達契亞獨立國以及恢復以伊斯坦堡為中心的希臘帝國。

　　此外，俄國也將法國拉入其中，主要為滿足其想分一杯羹的心理。法國為了防止哈布斯堡過度興起，曾與土耳其帝國密談進行交易。在 1786 年時，俄國與法國締結密約，以改善兩國的關係，並且，促使法國政府不在伊斯坦堡從事反對俄國的鼓譟運動。當時，法國正面臨改革前夕，帝國專制政權正受到民主運動強大

的挑戰，故對於俄國與奧地利皆做出讓步。1787 年 8 月，鄂圖曼
帝國為了奪回克里米亞向俄國宣戰，奧地利根據與俄國訂定之盟
約參戰。瑞典也伺機向俄國開戰，企圖奪回波羅的海沿岸地區，
在英、法兩國的調停之下，奧地利與土耳其簽訂停火協議。1792
年俄國與鄂圖曼帝國簽訂《雅西和約》，條約中規定克里米亞和庫
班河併入俄國，土耳其則放棄格魯吉亞的要求，至此土耳其的勢
力更加削弱。

一、法國大革命的影響

此後，法國大革命爆發，歐洲列強集結成反法聯盟，組成國
家包括英國、奧地利、普魯士、俄羅斯、西班牙和荷蘭等國，密
謀阻止法國革命與計畫瓜分法國。然而，最後法國革命成功並開
始瓦解反法聯盟以及發動對外征服戰爭，許多在鄂圖曼帝國統治
下的民族，都渴望法國能解放它們，獲得獨立自主的權利。拿破
崙向外擴張遠征至埃及，使英國、奧地利、俄國、土耳其結為新
的反法聯盟。不過，在反法聯盟中，除了英國堅持反對法國之外，
其餘國家均同意與法國結盟，前提是它們能在領土上分得一點好
處。拿破崙抓住這項弱點，遂先後與普魯士、俄國和奧地利商定
協約，並開始計畫瓜分巴爾幹半島，提出俄國獲得摩爾多瓦、保
加利亞、伊斯坦堡等地，而奧地利則分得波士尼亞、塞爾維亞和
瓦拉幾亞，法國則保有埃及。除此之外，法國持續向外擴張勢力
範圍。在 1797 年威尼斯戰敗，法國將統治的領土讓給奧地利，換
句話說，有約五十萬的南斯拉夫人以及對巴爾幹半島具關鍵意義

的領土，皆納入哈布斯堡的版圖中。另外，俄國控制愛奧尼亞群島之後，唆使黑山參加反法聯盟，同時，俄國乘機佔領摩爾多瓦和瓦拉幾亞，引發 1806 年鄂圖曼帝國對俄國宣戰。

1807 年塞爾維亞起義，也向鄂圖曼帝國進攻，7 月與俄國沙皇簽訂《泡魯奇協議》，塞爾維亞人要求沙皇全權代表來管理塞爾維亞，導致俄國軍隊進駐塞爾維亞、黑山和達爾馬奇亞等地。在此之前，法國見情勢不妙，擔心俄國勢力過度向西方進展，因此提前與俄國簽訂《提爾西特和約》並締結同盟，俄國為此還割讓愛奧尼亞群島。此外，法國還規定俄、法共同對土耳其作戰時，可以瓜分領土，但除伊斯坦堡和盧梅利亞行省之外，而這兩個區域是俄國夢寐以求的要地，由此可知，雖然雙方締結同盟，但卻各有盤算。

1809 年奧地利在英國支持下，再度進行反法戰爭，結果拿破崙攻佔維也納，奧地利宣告敗亡。此時拿破崙勢力逐漸向東擴展，他一方面迎合波蘭貴族復國的願望，另一方面煽動土耳其對俄國的仇恨，企圖將俄國勢力趕出巴爾幹半島之外。俄國與法國暗自較勁就此展開序幕，它對於《提爾西特和約》的不公平待遇早已心懷不滿之意，因此一方面與法國的宿敵英國締結盟約，另一方面是透過戰爭在巴爾幹半島擴大其勢力範圍，進駐了貝爾格萊德，並在 1812 年與土耳其簽訂了《布加勒斯特和約》，以期結束自 1806 年以來斷斷續續的俄土戰爭。

二、俄法戰爭

　　1812 年 6 月，法國結合俄國邊境地區發動了對俄戰爭。是年 9 月，攻陷莫斯科。不過到年底情勢開始有了變化，在俄國軍隊的反攻中，普魯士等國紛紛陣前倒戈與俄國結盟，至 1813 年 7 月時，包括英國、俄國、普魯士、瑞典、西班牙、葡萄牙在內的反法聯盟已然成形。8 月，奧地利也對法宣戰。10 月時，拿破崙在萊比錫慘敗，到了 1815 年再度崛起的拿破崙兵敗滑鐵盧，稱霸歐洲的拿破崙帝國就此結束。而在此期間，土耳其人乘拿破崙進攻俄國之際，在 1813 年鎮壓塞爾維亞人的起義，重新佔領貝爾格萊德。

　　之後，反法聯盟召開維也納會議，商議各自新的勢力範圍。會議中為了貫徹正統主義、遏制與補償原則下，英國擴大其海外的殖民地，統治愛奧尼亞群島與馬爾他島，成為當時海上霸權，號稱「日不落國」。而俄國則取得華沙公國、芬蘭和比薩拉比亞，使其領土進一步擴大。1815 年 9 月，沙皇亞歷山大一世、奧皇佛蘭士一世與普魯士國王威廉三世共同簽署建立「神聖同盟」，除了羅馬教皇和鄂圖曼帝國之外，幾乎所有歐洲君王都懷著不同目的加入此同盟。神聖同盟的矛盾之處可由希臘問題一窺究竟，希臘一直希望俄國能支持其脫離鄂圖曼帝國而獨立，並應允將加強俄國在巴爾幹半島的勢力。不過，鄂圖曼帝國對俄國與希臘關係日益親密有所警惕，於是阻擾俄國與希臘商業貿易的往來，此舉引發俄國不滿，情勢大為緊張。此時，奧國派出與俄國有不錯外交關係的重臣梅特涅前往交涉，希望說服沙皇不要向土耳其宣戰，

圖 22：十九世紀前半期的巴爾幹半島

　　同時也不要支持希臘獨立。結果 1821 年的希臘起義運動，在沒有
任何支持力量的情況下，遭到鄂圖曼帝國殘酷地鎮壓。

　　自法國大革命之後，民族主義、自由主義的思想觀念，受到
廣泛的傳播，並且日益強烈地表現出來。主要是因為在維也納會

議之後，列強的瓜分使許多民族被分裂而遭受外族統治，因此自
1815 年以後，陸續發生民族反抗運動，以希臘反抗鄂圖曼帝國起
義運動為先驅。此時，英國浪漫詩人拜倫由於嚮往古希臘文明，
於是號召歐洲青年表態支援希臘人反抗土耳其人，在 1823 年 3
月英國宣布承認希臘與土耳其為交戰國，此舉導致神聖同盟的瓦
解，並直接使英國涉身進巴爾幹半島的事務。英國公開的支持對
希臘人來說，是一大鼓舞，而俄國也開始向英國靠攏，試圖增加
自己在希臘的影響力。自此新俄國沙皇尼古拉一世與英國、法國
便著手謀求建立反土聯盟。

三、俄土戰爭

　　1826 年俄國向鄂圖曼帝國發出最後通牒，要求恢復 1821 年
以前多瑙河諸公國所享有的自治地位，恢復塞爾維亞在《布加勒
斯特和約》中應享的權利。此外，俄國還將英國拖進這場漩渦中，
簽訂《彼得堡議定書》，就希臘問題達成共識，讓希臘在土耳其統
治下擁有自己的政府和法律。法國未能參與此次會議深表不滿，
而土耳其對此協定堅持反對並加強鎮壓希臘的反抗運動，這一連
串的事件促使俄、英、法三國在 1827 年以《彼得堡議定書》為基
礎，簽訂共同合作保護希臘獨立運動的《倫敦協定》。然而，土耳
其利用英、法不願意與其正面衝突的心理，拒絕俄國的最後通牒，
因而導致 1828 年俄土戰爭爆發。此次俄土戰爭以俄國軍隊跨越巴
爾幹山脈，繼而兵臨伊斯坦堡而告結束。1829 年 9 月在亞德里安
堡俄、土簽訂和約，此和約內容使土耳其喪失自庫班河口至尼古

拉灣的黑海沿岸等地，另外還包括多瑙河河口三角洲皆劃分給俄國。至於希臘則成為一個獨立國家，與土耳其的關係僅剩每年需繳納一百五十萬披亞斯特，其國王則由歐洲國家中擇一位親王擔任。1831 年，親俄國的希臘國王卡波蒂斯特里亞遇刺。翌年，俄、英、法三強又扶植一名巴伐利亞的王子奧托 (1832～1862) 為希臘國王。

俄國對鄂圖曼帝國的勝利，使土耳其在巴爾幹半島上近四百年的統治走向歷史。而希臘的獨立建國，則是巴爾幹各民族尋求獨立解放的一大典範，也促使十九世紀的獨立建國運動更加蓬勃發展。

Yugoslavia

第 II 篇

現代南斯拉夫的崛起

第五章 | *Chapter 5*

十九世紀各民族獨立建國運動

第一節　泛斯拉夫主義運動

　　「泛斯拉夫主義」從十七世紀被倡導，十九世紀發展成一股文化及民族運動。它是受到浪漫主義和國家主義的影響而激生。因當時斯拉夫人在奧匈帝國和鄂圖曼土耳其帝國的統治下，使自我族群認同有所覺醒。此外，德國哲學家赫爾德喚醒了斯拉夫人的統一自覺。赫爾德文化民族主義的核心價值為：德意志必須是一個統一的民族國家，有著自己的民族文化、民族特性和民族精神，這樣的民族國家不屬於或服從於任何外國文

圖 23：俄皇亞歷山大三世於 1881～1894 年在位，期間高倡「泛斯拉夫主義」。

化。而赫爾德的思想對斯拉夫人產生極大的震撼與共鳴，也對泛斯拉夫主義的產生，形成啟蒙思考的作用。

　　隨著時間的演進，泛斯拉夫主義激起了西斯拉夫和南斯拉夫的模糊意識，勾起他們對各自語言、傳統、民族意識的認同。俄羅斯的泛斯拉夫主義未能滿足其他斯拉夫民族的需要，反而成為俄羅斯帝國往巴爾幹擴張的理由。以文學文化為主的泛斯拉夫運動逐漸變為俄羅斯蠶食鯨吞的俄羅斯大斯拉夫主義。此時的泛斯拉夫主義較具政治性及侵略性，希望將各個斯拉夫民族解放，納入俄羅斯的帝國中。

一、南斯拉夫人的政治型泛斯拉夫主義

　　南斯拉夫人一直被異族所割裂。十九世紀仍被日耳曼人、馬札爾人、羅馬尼亞人所建的國家區隔，所以他們沒有統一的民族意識與文學語文，其微弱民族意識一直到俄羅斯擴張才改觀，俄羅斯帶入了泛斯拉夫主義，南斯拉夫人寄望強盛的俄羅斯能統一斯拉夫人，並統一南斯拉夫的宗教信仰。除了受俄國的影響之外，還有「伊利里亞主義」(Illynism)，主張斯拉夫四個主幹民族，以彼此相近的語言而結合，此主義是南斯拉夫統一運動與泛斯拉夫主義的聯繫。

　　克羅埃西亞人可說是推動泛斯拉夫主義的中堅力量，如果說塞爾維亞人民族復興的最大成就是創造了新的文學語言，那麼克羅埃西亞的民族復興則具有政治與文化的特質。克羅埃西亞受哈布斯堡王朝統治，並直接受匈牙利人治理，因此克羅埃西亞人僅

能使用馬札爾語。到了 1836 年,在克羅埃西亞的出版品中,出現以「伊利里亞」代替「克羅埃西亞」的用詞,此「泛南斯拉夫人」思想的提出,使克羅埃西亞的民族復興由文化轉為政治。此後,伊利里亞變成為一種政治運動,開始在克羅埃西亞形成氣候,同時也在斯洛文尼亞、達爾馬奇亞與波士尼亞產生不同程度的影響。然而,伊利里亞運動始終沒有得到塞爾維亞的支持,其一方面是因為對伊利里亞運動不信任;另一方面則是為了自身獨立建國做準備,並盡量避免激怒奧地利和俄皇。1843 年時,「伊利里亞」一詞被奧國加以禁止。

1844 年,塞爾維亞內政大臣伊利亞‧加拉沙寧 (Ilija Garasanin),提出一項以塞爾維亞為中心,建立包括波士尼亞、黑塞哥維那、阿爾巴尼亞北部的大塞爾維亞國家藍圖。此時,塞爾維亞的青年政治團體開始散播斯拉夫語言統一和斯拉夫民族統一的構想,泛斯拉夫主義的熱潮逐漸加溫,在巴爾幹地區的斯拉夫人間引起廣大迴響。

二、布拉格會議

1848 年泛斯拉夫主義大革命爆發,6 月,奧地利境內的各斯拉夫民族,聚集於布拉格召開第一次斯拉夫人代表大會,其目的是希望將奧地利哈布斯堡王朝改變政體、組織邦聯,使斯拉夫各民族享受民族自由。當時泛斯拉夫分子希望獲得西方民主自由,而非俄羅斯專制。布拉格會議喚醒斯拉夫民族,把斯拉夫主義思想具體表現出來。

　　在布拉格集會的知識分子強調不受外來民族干預,應以語言為基礎促進斯拉夫民族團結。布拉格會議並非創造新的斯拉夫精神,而是重拾斯拉夫優良的遺產。但布拉格會議並未解決各族欲解決的問題,因泛斯拉夫主義派別甚多,有波蘭派、塞爾維亞派、捷克派、俄羅斯派,彼此相互仇視,尤以波蘭派常被忽略。這一次會議主要貢獻是在無形中加強斯拉夫人的自信心。會議中出席的代表共三百四十一人,其中奧地利斯拉夫佔多數,還有普魯士、俄羅斯等少數代表。重要討論內容共四項:

　　㈠奧地利斯拉夫人的重要性;

　　㈡奧地利斯拉夫人相互間的關係;

　　㈢奧地利斯拉夫人與非奧地利斯拉夫人間的關係;

　　㈣奧地利斯拉夫人與歐洲非斯拉夫人的關係。

　　這是第一次斯拉夫民族的集會,雖然無相當具體成就,但是拉近彼此團結的關係,也象徵了斯拉夫的向心力。

三、泛斯拉夫主義的影響

　　1848 年大革命之後,歐洲列強產生劇烈的震盪,德意志帝國的崛起、義大利的統一、奧匈帝國的重組等,泛斯拉夫主義在巴爾幹半島仍持續發酵,塞爾維亞建立祕密政治組織,其範圍擴大至波士尼亞、黑塞哥維那、克羅埃西亞、斯洛文尼亞、佛依沃丁那、黑山、阿爾巴尼亞北部、馬其頓和保加利亞等地區,形成緊密網絡,為建立一個以塞爾維亞為中心的國家而努力。

　　美國研究斯拉夫民族著名學者索姆納 (B. H. Sumner),在他所

著 《俄羅斯與巴爾幹， 1870～1880》 (*Russia and the Balkans, 1870～1880*) 一書中指出， 大斯拉夫主義是 「親斯拉夫主義」 (Slavophilism) 和「大俄羅斯主義」(Panrussianism) 兩者之間的聯絡點。親斯拉夫主義篤信東正教義，認為俄羅斯只有依賴「斯拉夫精神」才能解決當時的問題。郝亞可夫 (Khomyakov) 和阿克薩可夫 (Ivan Aksakov) 兩位哲學家將親斯拉夫主義由純哲學思想轉變擴張為大斯拉夫主義的政治思想，認為斯拉夫人應團結一致，在以大俄羅斯人為主的俄國領導之下，負起復興斯拉夫民族精神及領導世界文化革命。所有大斯拉夫主義者，一致認為應將斯拉夫民族從外來的宗教和政治的控制中解放出來。泛斯拉夫主義產生於十九世紀奧匈帝國時期，以強調語言的相似來促進團結。西斯拉夫和南斯拉夫的模糊民族意識亦被喚起。但是由於強大的俄羅斯欲擴張霸權而積極介入，把泛斯拉夫主義強加上俄羅斯的色彩。最後，中東歐斯拉夫民族都淪入鐵幕，成了俄羅斯大斯拉夫主義的犧牲品。

大斯拉夫主義是俄羅斯民族性特色之一，地理環境和歷史背景，塑造了俄國人的矛盾性格。雖然在克里米亞戰爭中，俄國敗給英、法聯軍，不過也因如此更加深大斯拉夫主義的團結。二十世紀初年至第一次世界大戰前夕大斯拉夫主義出現，1912、1913年巴爾幹戰爭激起了斯拉夫主義熱。 1913 年的第二次巴爾幹戰爭，同是斯拉夫民族的塞爾維亞與保加利亞起衝突，塞爾維亞的勝利使之進而統一南斯拉夫全體民族。

1914 年第一次世界大戰，俄國支持塞爾維亞。在泛斯拉夫主

義的激勵下，塞爾維亞仗著俄羅斯的支持與奧匈帝國鬧翻。第一
次世界大戰結束後，俄羅斯收復東斯拉夫，促使以俄羅斯為首的
東斯拉夫更趨明顯。南斯拉夫則尋求獨立自主的路線。西斯拉夫
經過第一次世界大戰後受創嚴重，幸虧得到俄羅斯援助。造成日
後西斯拉夫與俄羅斯較親近。蘇俄於 1917 年革命成功，宣布泛斯
拉夫主義，將泛斯拉夫主義帶到最高峰，進而將所有的斯拉夫民
族皆收歸門下。

　　雖然泛斯拉夫主義喚醒了斯拉夫民族似是而非的模糊民族意
識，其實，泛斯拉夫主義在各邦不同的背景、宗教、文化差異下，
已不能完全運作，各斯拉夫民族也重新尋找各自的文化根源，為
泛斯拉夫主義再找一個新定位。事實上，在當時奧匈帝國統治下，
一些親俄羅斯的斯拉夫民族，渴望俄羅斯來解放他們。泛斯拉夫
主義的定義已轉變成強烈對抗外族的民族意識。可是一旦蘇聯顯
露出不懷好意的大斯拉夫主義後，即引起斯拉夫民族的反感，更
使蘇、南關係決裂。

第二節　巴爾幹同盟的建立

　　鄂圖曼土耳其帝國在克里米亞戰後，面對歐洲的民主改革和
資本主義的發展，已無招架能力，又因長期與俄國征戰造成國力
的衰弱。1838 年英國與土耳其簽訂《商務條約》之後，鄂圖曼帝
國本身的工業化過程深受西方國家的影響，開始成為為歐洲提供
原料和銷售歐洲商品的市場，廉價的歐洲商品肆無忌憚的進入土

耳其市場，破壞當地的手工業。在歐洲列強控制鄂圖曼帝國的金融、鐵路、灌溉、礦業等重要國家資源之後，鄂圖曼帝國已然成為歐亞大陸之間的一條重要商路。此現象意味著鄂圖曼帝國已經成為歐洲國家的經濟殖民地，對巴爾幹民族的統治力相對削弱，如此一來，同時促使各民族爭取解放以及實現獨立的運動情緒日益高漲。

此時，以塞爾維亞為中心的「巴爾幹同盟」成立。1866 年，塞爾維亞與黑山結盟，主要原因在於黑山反抗鄂圖曼帝國統治的軍力強悍，塞爾維亞希望與其結盟以增加實力。此外，這個同盟組織在 1867 年和 1868 年擴大至希臘和羅馬尼亞。

同時，在 1867 年，塞爾維亞與保加利亞共同爭取獨立建國運動並建立一個聯合體系。此一提議是由保加利亞的革命委員會提出，並在塞爾維亞米哈伊洛大公為首建立「南斯拉夫帝國」的提議後產生的。此後，在貝爾格萊德成立一個由保加利亞人組成的同盟團體，他們與塞爾維亞人共同協議關於議會、君主、立法、國旗以及貨幣等統一問題，對於國家名稱為「保加利亞－塞爾維亞」或是「塞爾維亞－保加利亞」也進行討論。在宗教議題上，兩者倒是取得共識，決定國家宗教為東正教，且宗教信仰自由。當時保加利亞將馬其頓劃入自己國家的範圍，引起塞爾維亞與希臘的不滿，而保加利亞境內也有反塞爾維亞的聲浪。塞爾維亞在 1868 年開始意圖跨領域進入馬其頓，使得保加利亞與塞爾維亞間的矛盾加劇。保加利亞、塞爾維亞和希臘對馬其頓地區的影響，使馬其頓在宗教和文化上受到不同程度的同化。此種在馬其頓相

互爭奪的情景，也為 1913 年第二次巴爾幹戰爭埋下伏筆。

　　巴爾幹半島斯拉夫人的聯盟擴展到奧匈帝國統治的地區。1866 年，塞爾維亞與克羅埃西亞也開始討論建立一獨立的南斯拉夫國家。他們希望利用民族的力量，將克羅埃西亞視為南斯拉夫人的中心，建立一個首都在札格雷布的三元制王國，即由克羅埃西亞－斯洛文尼亞－達爾馬奇亞、波士尼亞－黑塞哥維那、黑山－塞爾維亞三部分組成一個統一的南斯拉夫國家。然而，在奧匈帝國統治下的各個民族並沒有獲得真正獨立的地位。

一、塞土戰爭

　　從 1875 年到 1878 年，由黑塞哥維那率先發動反鄂圖曼帝國的運動，被稱為「東方危機」，起義者是信仰東正教的塞爾維亞人與信仰天主教的克羅埃西亞農民，他們無法再忍受土耳其人殘暴的統治和繁重的課稅。此次戰役迅速擴展至波士尼亞，並引起塞爾維亞和黑山斯拉夫人民民族情緒的共鳴，紛紛為他們募捐、提供物資，甚至組成志願軍參與民間的起義行動。波士尼亞與塞爾維亞的陸續起義，在巴爾幹半島激起一波波漣漪，1875～1876 年，在保加利亞先後發動反抗鄂圖曼帝國運動；1876 年塞爾維亞和黑山也對土耳其宣戰，俄國也有數百名志願軍參與了對土耳其的戰爭。

　　此次巴爾幹的戰爭雖然是針對土耳其帝國，但是立即引起歐洲各國的注意，尤其是奧匈帝國和沙俄帝國。在 1876 年 1 月奧匈帝國調停下，簽訂《巴黎條約》，各簽訂國通過一項促進鄂圖曼帝

國在統治區間改革的方案，試圖化解這場危機。經過此次危機讓奧匈帝國與俄國各懷鬼胎，對奧匈帝國來說，斯拉夫人的團結會使其統治領土內的斯拉夫人蠢蠢欲動，因而造成威脅；然而對俄國來說，此時正是結合斯拉夫人，體現其大斯拉夫主義和統一的最好時機。

　　俄國私下與奧匈帝國定下祕密協定，其內容包括：

　　㈠如果土耳其人在這場戰役獲勝，塞爾維亞與黑山保持現狀；

　　㈡如果土耳其人失敗，塞爾維亞不能佔領達爾馬奇亞、克羅埃西亞之間的領土，僅能向古塞爾維亞和利姆河方向擴展。此外，黑山則獲得黑塞哥維那的一部分以及通往利姆河方向的領土；

　　㈢俄國恢復 1856 年克里米亞戰爭前的邊境；

　　㈣保加利亞、羅馬尼亞和阿爾巴尼亞實行自治；

圖 24：塞土戰爭後返鄉的黑山難民

㈤希臘可兼併色雷斯和克里特島；

㈥伊斯坦堡成為自由城；

㈦奧地利保留波士尼亞和黑塞哥維那的兼併權，但不得佔有原屬於塞爾維亞的一小塊土地。自此，歐洲列強紛紛介入巴爾幹半島的外交事務，但沒有一方真正實現巴爾幹民族解放和國家獨立的意願。

二、俄土戰爭

在列強交互介入巴爾幹外交事務的活動中，土耳其軍隊先後殘酷地鎮壓了保加利亞的起義，引起俄國強烈的不滿。在巴爾幹問題上俄國的對手是英國與奧匈帝國。尤其是英國，一直深怕俄國控制伊斯坦堡及土耳其兩大海洋交通隘口。為使奧匈帝國在戰爭中保持中立，在許多議題上俄國盡量滿足奧匈帝國，兩國更進一步訂定協約，規定奧匈帝國在戰爭中保持中立，波黑兩國劃為奧國所有，塞爾維亞、黑山作為俄、奧兩國軍事緩衝帶，俄並承諾不在土耳其瓦解後，建立一斯拉夫王國。在俄奧關係稍加紓解的情況下，俄準備投入對土戰爭。1877 年，俄國利用巴爾幹斯拉夫人的民族解放戰爭，打著「解放」的旗號，對土宣戰。俄軍在羅馬尼亞軍隊的配合下，攻克普列文；在保加利亞軍隊的支援下，連攻索非亞和亞德里安堡，兵臨伊斯坦堡。由於英國干涉，俄國未能佔領伊斯坦堡和海峽。

根據 1878 年 3 月 《聖‧斯特凡諾條約》，建立一個由俄國「保護」的龐大保加利亞公國，但英、奧兩國反對該條約。為此，

圖 25：聖・斯特凡諾會議（1878 年 3 月）

相關國家在 1878 年 6、7 月召開了柏林會議，重訂《柏林和約》。
俄軍雖然在戰爭中失利，但其結局是俄國擴大了疆域：南部邊界
伸展到黑海，西部邊界推進到普魯特河，東部邊界越過高加索山
脈，在東南歐迫使土耳其人從巴爾幹後撤。俄羅斯打破了歐洲列
強的均勢，因此該條約遭到反對，為考量不影響歐洲和諧的情況
下，故條約的許多內容乃交由國際會議討論，則是召開 1878 年柏
林會議的緣起。根據和約，俄國重新獲得比薩拉比亞南部，在亞
洲獲得巴統、卡爾斯、阿達等地。

　　根據柏林會議協商結果：不成立大保加利亞公國；以巴爾幹
山脈為界，北方建立保加利亞公國，隸屬鄂圖曼土耳其，而波黑
則由奧匈佔領及管轄；俄國則收回 1856 年喪失的比薩拉比亞部分
地區並獲得黑海的重要地帶；英國則佔領塞浦路斯；各國也承認
1856 年獨立的塞爾維亞、黑山。此次會議分贓的意味極為濃厚，

因而被稱為分贓的會議。

第三節　現代民族國家的演進

　　受到法國大革命的影響，巴爾幹半島各民族渴望追求民族自決，並建立一個由自己民族所組成的國家。加上泛斯拉夫主義的催化作用，使得以塞爾維亞為主的斯拉夫民族獨立情緒高漲。在1804年，塞爾維亞的民族運動揭開序幕。

一、塞爾維亞獨立運動

　　塞爾維亞王國於1459年被土耳其滅亡之後，即兼併為行省，以貝爾格萊德地區的塞爾維亞人為建立塞爾維亞王國的核心。

　　十八世紀時，有少數逃亡國外並在外接受高等教育的學者，從事有關文學、思想、歷史等著作，為塞爾維亞的民族意識奠定良好基礎。其中較為著名的為歐布拉道維支 (Dositej Obradovich)，生於1741年，原本為一名修士，曾先後於維也納、威尼斯、伊斯坦堡、俄國、普魯士、法國、英國等國接受教育，受西方啟蒙思想薰陶，將大批西方著作翻譯成塞文，在國內廣為流傳。歐氏並在1788年完成自傳，此書被譽為塞爾維亞最好的散文作品。他在書中強調塞人與克羅特人的種族關係，認為居住在巴爾幹地區的斯拉夫人應為一家，並首先提出「南斯拉夫人」的觀念，奠定二十世紀建立「南斯拉夫國」的根基。

　　此外，促成塞爾維亞1804年民族運動的原因有三，1804年

圖 26：1877～1878 年的巴爾幹半島

的叛變事件僅為導火線：其一，拿破崙勢力東進，法國在塞爾維亞西方建立了「伊利里亞省」，法國的革命精神激起了巴爾幹人民的反抗意識；其二，俄國勢力深入黑山與佛依沃丁那區，以同屬東正教徒和斯拉夫民族為號召，間接影響塞爾維亞；其三，土耳其帝國在中歐受挫以後，便加強對巴爾幹地區屬地的統治，因而引發人民的反抗。

　　塞爾維亞的獨立戰爭分為兩個階段：

　　第一階段 (1804～1813)：塞爾維亞叛軍領袖為喬治‧皮特羅維契 (Djordje Petrovic, 1766～1817)，由於其面貌粗黑、鬚髮糾結且性情粗暴，故有「黑喬治」（Karadjordje，即 Black George）的稱號。黑喬治曾參加奧軍對土戰爭，作戰經驗豐富，因而獲得塞人的擁戴，視其為抗暴英雄。1806 年俄土戰爭消耗了土軍的主力，加上當時正值拿破崙向東擴張時期，塞、俄成為盟友，使得塞爾維亞獨立初綻曙光。不過好景不常，俄軍為迎戰入境的法軍而北撤，並與土耳其簽訂《布加勒斯特和約》。停戰之後，讓土耳其軍隊能全力對付塞軍，黑喬治在此時又身染重病，導致軍隊群龍無首而潰敗，因此塞爾維亞第一階段的獨立運動功敗垂成。

　　第二階段 (1815～1817)：此次獨立戰爭起因於土耳其的野蠻報復，而領導人為米洛什‧奧布利諾維支 (Milos Obrenovich)，他以迅雷不及掩耳的速度，擊潰敵軍據點，獲得初步的勝利，然後派遣使者與土耳其議和。1815 年維也納會議結束後，列強將焦點放在巴爾幹半島上。至此土耳其勢力逐漸減弱，遂在 1817 年讓步，與塞爾維亞定下協議。在 1827 年俄土戰爭中，土耳其戰敗並在俄方壓力下，於 1830 年另訂協約，並進一步落實塞爾維亞獨立的理想，具體內容包括承認塞爾維亞為自治公國、承認米洛什為塞爾維亞公，並准予世襲、塞爾維亞成立東正教區，脫離希臘人的管轄等。

　　1835 年 2 月，米洛什召開議會，同意仿照西方國家體制，實行君主立憲，尊重人權，並成立國務院，但僅是做表面功夫，實

際上仍行君主專制之實。1838 年成立「參政院」，設有委員十七名，握有極大的權力。翌年，參政院逼米洛什退位，由長子米蘭 (Milan) 繼位。一個月之後米蘭死，次子麥可 (Michael) 繼位。1842 年，麥可被迫下臺，議會迎立黑喬治之子亞歷山大 (Alexander) 為塞公。亞歷山大於 1858 年被迫退位，由高齡七十八的米洛什接掌，不久米洛什逝世，其次子麥可再度為塞公 (1860～1868)，1868 年被暗殺身亡。

塞爾維亞君王以亞歷山大和麥可任內較有建樹，在亞歷山大十七年統治中，塞爾維亞的文教事業有明顯的進步，小學和中學陸續開辦，博物館、歌劇院相繼建立，並廣泛收集民歌、諺語、歷史故事等，另外，還編定塞文文法和字典，出版書籍。司法制度也在此時建立，頒布《民法法典》。而在麥可八年的統治下，使塞爾維亞更進一步改革。他一方面限制參政院的權力，一方面提高議會的職權，並且每三年定期召開會議。此外，進行改革稅制、鑄造貨幣、改革軍事組織、實行徵兵制。

1877 年 4 月俄土戰爭爆發，最後在 1878 年 7 月簽訂《柏林和約》，塞爾維亞在柏林會議中，獲得國際認可，成為真正獨立的國家。1882 年，塞爾維亞國會宣告塞爾維亞由公國改為王國。在第一次大戰前夕，塞爾維亞仍以建立「大塞爾維亞」為民族運動的目標，意圖以塞人為中心，將巴爾幹區所有塞爾維亞人結合起來，因此他們高聲疾呼「巴爾幹事務由巴爾幹人自己解決」，希望列強不要干預。塞爾維亞此時可稱為真正獨立的民族國家。

圖 27：1878 年 6～7 月的柏林會議

二、克羅埃西亞共和國

在 1526 年時，克羅埃西亞與匈牙利在莫哈契 (Mohacz) 一役雙雙受到鄂圖曼帝國的侵略，兩國遂向哈布斯堡王室的奧國靠攏。十七世紀克羅埃西亞便成為鄂圖曼帝國的邊界前線。1867 年奧國重組為奧匈帝國，克羅埃西亞中部以及斯拉沃尼亞皆是匈牙利的管轄範圍。在往後的五十年中，克羅埃西亞一直認為匈牙利未能遵守 1868 年《憲法協定》，給予克羅埃西亞自治權和百分之四十五的財政經費控制權，導致雙方關係緊張。克羅埃西亞內部政黨紛紛組織成立，堅持獨立自主與主張聯合塞爾維亞、斯洛文尼亞成立南斯拉夫聯盟的呼聲居高不下。

克羅埃西亞是克羅特人所建立的國家，面積僅次於塞爾維亞。克羅特人長期在匈牙利、奧地利的統治下，信仰天主教，受西化極深。自十八世紀末及十九世紀初，克羅特人才開始激發民族主

義，首先引發事端的導火線是關於語言保存的問題。

　　1830 年，克羅特一位伯爵——德拉什科維支發起「伊利里亞運動」，主張將古伊利里亞省所有屬地，建立一個以克羅特人為主的獨立國家。然而此運動較受貴族及資產階級的支持，內陸的農民則反應冷淡。

　　奧地利與匈牙利在 1867 年共同建立雙元帝國，匈牙利政府隨即與克羅埃西亞協議，賦予有限度的自治權，包括地方行政、司法、教育、宗教以及使用克羅特語言等權利。不過，克羅特人並不因此而滿足，其民族運動仍繼續發展，其中有幾個較具代表性的政黨如下：

　　㈠伊利里亞黨（或稱為人民黨）：其領導人為史特勞斯梅葉主教 (Joseph Strossmayer)，其主張克羅特人應與斯洛文人和塞爾維亞人聯合，並在 1866 年於札格雷布建立南斯拉夫科學研究院，這是第一所以「南斯拉夫」為名的機構。

　　㈡民權黨：屬於極端右派政黨，不僅主張克羅埃西亞獨立，而且更提倡「大克羅埃西亞主義」(Pan-Croatianism)，認為塞爾維亞人與其他南斯拉夫人只是一批東正教的奴隸。這一政黨便形成日後的「烏斯塔夏運動」(Ustasha Movement)，有法西斯主義傾向。

　　㈢克羅埃西亞社會民主黨：成立於 1895 年，為一左傾政黨，在新興之勞工階級與知識青年中頗有影響力。

　　㈣克羅埃西亞農民黨 (Croatian Peasant Party)：創立於 1905 年，代表農民利益，並爭取克羅埃西亞獨立。

　　人民黨領袖史特勞斯梅葉的理想為建立一個聯邦制的南斯拉

圖 28：遭處決的烏斯塔夏參與者　二次大戰結束後，烏斯塔夏政權的參與者在薩瓦河附近遭到槍決。

夫國家，涵蓋塞爾維亞和黑山，這是第一次出現聯合所有南方斯拉夫民族組成一個聯邦的觀念。

　　當第一次世界大戰結束後，奧匈帝國宣告瓦解，克羅埃西亞與斯洛文尼亞、塞爾維亞共組聯合王國。不過，三族同享平等權利、共創和諧國家的夢想不出十年便告破碎。頗孚人望的克羅埃西亞農民黨（克語簡寫 HSS）領袖雷迪奇 (Stjepan Radic) 即因聲望崇隆，被當局視為眼中釘，而遭暗殺。獨立運動受壓迫，中央集權大行其道。然而，1934 年亞歷山大國王被刺殺身亡後，克羅埃西亞民族主義分子與塞爾維亞民主派合作贏得 1939 年選舉，克羅埃西亞取得自治地位。

　　而兩次大戰期間，納粹德國攻入南斯拉夫，成立「克羅埃西亞獨立國」的親德國傀儡政權。該政權以「烏斯塔夏」祕密警察惡名昭彰，有計畫地大量屠殺塞爾維亞人、猶太人和其他民族。殘酷的種族屠殺政策使克羅埃西亞塞族仇恨深植心中。雖然，大部分的克羅埃西亞人採取消極地對抗烏斯塔夏政權，但是種族之

間的深仇大恨已為日後的衝突埋下伏筆。

三、斯洛文尼亞共和國

斯洛文人在八世紀末被查理曼帝國征服,變成日耳曼民族的屬地,初期屬於神聖羅馬帝國,繼而屬於奧帝國,一直到 1918年。斯洛文人雖然長期受日耳曼文化的渲染,但仍保有自己的語文(拉丁字母拼寫)和風俗習慣。此外,斯洛文尼亞從未被土耳其佔領,所以更能保持其民族的完整性。

1848 年奧帝國發生革命運動,部分充滿民族主義思想的知識分子,一面主張提高斯洛文語言的法律地位,使其成為學校教育的合法語言;另一方面要求在奧帝國範圍內實行自治。但是在匈牙利獨立戰爭失敗後,奧國對屬地的自治運動就加強制止,因此斯洛文尼亞的自治夢想並未實現。

在往後三十年間,義大利統一運動興起,斯洛文人趁機發起民族運動,由於自身力量有限,必須借助其他南斯拉夫人的支持,特別是透過塞爾維亞人向俄國尋求奧援,因而與所謂「大斯拉夫主義」息息相關。

到十九世紀末,斯洛文民族運動中產生一種新路線,就是所謂「三元論」(Trialism),亦即在奧匈雙元帝國中,再加上斯拉夫一元,而此斯拉夫就是由斯洛文人、克羅特人、波士尼亞人、黑塞哥維那人、塞爾維亞人等,組成南斯拉夫國,與奧匈帝國地位平等。然而贊成此一主張的南斯拉夫人並不多,尤其以塞爾維亞人最強烈反對,因為他們自己有「大塞爾維亞」的夢想。

四、馬其頓共和國

　　馬其頓在土耳其統治下約五百三十年，其處境與巴爾幹其他地方相似，但受壓迫的情形更甚其他區域，因為它位於君士坦丁堡附近，又是商業往來和軍隊調動的必經之地，戰略地位重要，因此常配置重兵駐守。

　　十九世紀末年的俄土戰爭發生後，在簽訂的《聖・斯特凡諾條約》中，由於俄國的支持，建立一個「大保加利亞」，馬其頓也包括其中。後來由於歐洲列強的反對，又重新簽訂《柏林和約》，將馬其頓又歸在土耳其統治下。這樣朝令夕改使馬其頓人深表不滿。

　　在第一次世界大戰爆發之前，馬其頓即被瓜分。其後，馬其頓的民族地位又起爭議，直到第二次世界大戰發生後仍未獲承認。保加利亞把馬其頓人視為保加利亞民族的一部分。第一次巴爾幹戰爭時，保加利亞為攫取更多土地，曾一度佔領斯科普里，後來又被希臘和塞爾維亞逐出瓦爾達爾馬其頓。塞爾維亞則視馬其頓民族為「南部塞爾維亞人」。第二次世界大戰期間，當時屬塞爾維亞的馬其頓因協助狄托建立游擊隊基地有功，乃於 1945 年 4 月，得以建立「馬其頓人民共和國」，隨後南斯拉夫始正式承認，馬其頓為南斯拉夫聯邦主體民族之一；至於希臘，僅視其為「講斯拉夫語的希臘人」。

五、波士尼亞－黑塞哥維那與黑山

　　波士尼亞－黑塞哥維那的居民，大多為塞爾維亞人，宗教信

仰極為複雜，包括東正教、天主教以及包歌米爾教派。波士尼亞在古林 (Kulin, 1180～1203) 執政時，便成為一個獨立的國家組織，但仍常受到克羅埃西亞、塞爾維亞和匈牙利的侵略，且曾經臣服匈牙利王國。在十四世紀前半期，波士尼亞脫離匈牙利獨立，並將南方的黑塞哥維那兼併。

1376 年國勢日漸強大的波黑，在土耳其侵入巴爾幹之後，曾於 1389 年與土軍大戰於科索沃。1391 年波黑王國瓦解，黑塞哥維那另成獨立公國。1463 年，波黑兩地均被土耳其征服，成為土耳其帝國的行省。1878 年則改由奧匈帝國統治。

另外，在黑山也是以塞爾維亞人為主。在俄國進入巴爾幹半島時，雙方因民族同源，擁有共同的信仰，故雙方結盟並聯合對抗土耳其。後來，拿破崙對黑山垂涎不已並意圖進犯，但黑山以小擊大奮勇退敵，獲得英、法等國的重視。克里米亞戰爭期間，法國雖然同情黑山國，但在巴黎會議上，列強並未承認黑山獨立的地位。

1876 年，黑山繼塞爾維亞之後向土耳其宣戰，俄土戰爭也隨之爆發，在土耳其戰敗與俄國簽訂的《聖·斯特凡諾條約》中，黑山國領土增加三倍，東與塞爾維亞接壤。不過稍後重新簽訂的《柏林和約》中，黑山的領土略為減少，並且未獲列強承認為一個獨立的國家。

第六章 | *Chapter 6*

從巴爾幹戰爭到第二次世界大戰

第一節　巴爾幹戰爭前因後果

「南斯拉夫」和巴爾幹這二個概念，自 1910 年代以來，幾乎形同同義詞。「南斯拉夫」一詞本來含有「南部斯拉夫人居住的地方」之意；「巴爾幹」一詞原意指的是「多山」。可是，正因為這地區位處歐亞戰略要衝，加上有眾多民族分布居住，遂成為二十世紀紛爭不斷的熱點。其中最受矚目者，1912～1913 年間就發生過兩次巴爾幹戰爭，隨後於 1914 年第一次世界大戰的導火線又在此一地區爆發，故史家稱「巴爾幹」如同「火藥庫」。

一、二十世紀初

二十世紀初德國加入了爭奪巴爾幹的行列，因德國國力的增強，進而要求重新分配勢力範圍。此舉首先衝擊到了英國世界強權的地位。除此之外，英、德軍事、經濟上矛盾也越形嚴重。英

圖 29：1900～1908 年的巴爾幹國家

國轉而與昔日的對手國法、俄合作，將德國視為強大的對手。奧匈帝國將巴爾幹視為重要市場並加強對其經濟的剝削，而俄國則是因日俄戰爭慘敗，進而將注意力轉往巴爾幹，尤其俄國又以斯拉夫領導人自居，間接支持了巴爾幹的民族自主運動，因此俄國較奧匈帝國擁有較大的優勢。而俄國的考量是建立起龐大的斯拉夫帝國，控制巴爾幹，將黑海變成其內海。

　　巴爾幹在俄奧兩國的爭奪下，其民族主義思想萌發，加速巴爾幹民族解放運動。1908 年上半年奧國、俄國和英國針對馬其頓的一系列外交活動，加速了土耳其革命發展的進程。1908 年 7 月 3 日，統一進步協會雷斯那組織 （Resna，即位於現今馬其頓南方，是當時土耳其第三軍團駐紮地） 的負責人尼亞齊貝伊少校 (Major Almed Niyazi Bey, 1873～1912) 率部一百五十人上山，首先以「自由、平等、博愛、正義」為號召，宣布反對土耳其政府及外國瓜分陰謀。幾天後，已轉入地下活動的恩維爾帕夏 (1881～1922) 亦宣布起義。起義迅速席捲駐馬其頓的第三軍團和

第二軍團許多單位，不久統一進步協會就成了整個馬其頓地區的真正主人。7 月 20 日，摩拿斯提（Monastir，即今馬其頓的比托拉 Bitola）的穆斯林居民舉行起義；23 日，起義軍開進薩洛尼卡，宣布恢復 1876 年憲法，並通電蘇丹，限期恢復憲法，否則將進軍伊斯坦堡。

　　青年土耳其黨人在反封建反帝國主義的任務上，提不出切實可行的綱領。1908 年 10 月初，奧地利政府宣布兼併波士尼亞、黑塞哥維那兩地，進一步動搖了青年土耳其黨人的威望。而俄國則獲得兩海峽的軍艦通行權。

二、波士尼亞危機

　　1908 年，奧匈帝國吞併波士尼亞和黑塞哥維那引起的國際衝突，反映了第一次世界大戰前夕，德、奧、俄等帝國主義爭奪巴爾幹地區的尖銳矛盾。

　　波士尼亞和黑塞哥維那兩省居民大部分是塞爾維亞人和克羅埃西亞人。1878 年《柏林和約》規定：這兩省由奧匈帝國代管，但名義上仍屬土耳其。二十世紀初，巴爾幹民族解放運動高漲。奧匈帝國企圖吞併這兩省，作為向巴爾幹半島擴張的基地。1908 年，土耳其爆發資產階級革命，推翻了阿布杜勒哈米德二世的獨裁統治，國內局勢動盪，奧匈帝國乘機拉攏俄國共同瓜分土耳其的屬地，俄國也想乘機修改黑海海峽制度，以便推行它的南下政策。

　　1908 年 9 月 15 日，奧國外交大臣埃倫塔爾與俄國外交大臣伊茲沃利斯基在布赫勞城舉行會談，雙方達成祕密協定。俄國同

意奧匈帝國兼併波、黑兩省，奧匈帝國則支持俄國召開國際會議修改《柏林和約》，同意黑海海峽向俄國軍艦開放。會後，伊茲沃利斯基前往歐洲各國遊說，爭取英、法等國對俄國計畫的支持。正當伊茲沃利斯基在法國談判時，10月7日，奧匈帝國正式宣布將波、黑兩省併入自己的版圖。俄國因自己的目的還未達到，便向奧匈帝國提出抗議，並要求召開國際會議解決爭端。

奧匈帝國的兼併行徑激起了南部斯拉夫人的憤慨。波、黑兩省人民也反對奧匈帝國的統治和奴役，強烈要求與塞爾維亞合併。塞爾維亞政府向奧匈帝國提出抗議，並開始軍事動員，同時向俄國求援。奧匈依仗德國的支持，拒絕召開國際會議，並在奧、塞邊境集結軍隊，進行威脅。1909年2月，親德的土耳其政府在德國影響下，與奧匈簽訂協定，以二百五十萬英鎊的代價放棄了波、黑兩省名義上的主權，這使德、奧態度更趨強硬。3月，德國向俄國發出威脅性照會：要求俄國促使塞爾維亞承認奧匈帝國兼併兩省的既成事實；如俄國繼續支持塞爾維亞，德、奧將對俄作戰。俄國被迫讓步，並對塞爾維亞施加壓力，強迫其放棄反奧戰爭的動員和停止一切反奧行動，3月31日塞政府被迫聲明取消抗議，一場幾乎導致戰爭的危機趨於平息。波士尼亞危機使沙俄與德、奧以及塞、奧的矛盾進一步加深，它加劇了協約國和同盟國在巴爾幹的爭奪，使巴爾幹成為引發第一次世界大戰的火藥庫。

三、兩次巴爾幹戰爭

當土耳其帝國逐漸式微之時，巴爾幹各民族紛紛在俄國鼓勵

下相互結盟，合力將土耳其勢力趕出歐洲。此外，在建立同盟首
先面臨的問題乃存在於保加利亞、塞爾維亞和希臘之間，他們皆
有瓜分馬其頓的意圖。因此，在 1912 年，保加利亞與塞爾維亞率
先達成祕密協議，其中最重要的是雙方如何瓜分馬其頓的條款。
5 月時，希臘又與保加利亞簽訂同盟條約，規定一旦遭到土耳其
侵犯時，彼此要互派軍隊援助。加上塞爾維亞與黑山的結盟，巴
爾幹出現四國同盟。在第一次巴爾幹戰爭中，四國同盟取得勝利，
並在同年 12 月簽訂停戰協議。此時，歐洲列強一方面為土耳其勢
力退出歐洲感到高興，一方面又怕巴爾幹民族真正獲得獨立，使
它們喪失原有的領土，因此，各國紛紛介入干預巴爾幹戰後的協
商。1912 年 12 月，在倫敦召開了兩個國際會議，其一為巴爾幹
半島交戰雙方，及鄂圖曼帝國與巴爾幹四國同盟；另一個會議為
同盟國（奧匈、德意志、義大利）和協約國（俄國、法國、英國）
之間的協商。同盟國與協約國之間在巴爾幹的角力拉鋸戰就此展
開，兩方皆討好拉攏保加利亞，試圖維持均勢情況。然而，土耳
其帝國內部一場政治動亂，破壞了歐洲列強的如意算盤。第一次
巴爾幹戰爭雖然是巴爾幹四國同盟與鄂圖曼帝國之間的紛爭，但
是歐洲列強在巴爾幹的利益爭奪戰，始終左右這場戰役的動向。
其中最具象徵性的意義為，統治巴爾幹幾百年的鄂圖曼土耳其政
權正式走入歷史。羅馬尼亞原本採中立態度，見四國同盟可以瓜
分鄂圖曼帝國，不由得想從中分一杯羹，於是向保加利亞提出繼
續中立的代價為多布羅加的領土，但不為保加利亞所接受。

　　1913 年鄂圖曼帝國的「青年土耳其黨人」在德國支持下，重

圖30：1913年的巴爾幹國家

新獲得政權。此一強硬態度引起巴爾幹四國同盟的強烈不滿，隨即在2月3日恢復對土耳其的軍事行動。土耳其節節敗退，而盟軍此次不理會土耳其的求和，持續進攻。此舉讓歐洲列強緊急要求盟軍停止攻擊，並簽訂停戰協議，保證維護保加利亞、塞爾維亞等國的利益。第二次巴爾幹戰爭結束以後，塞爾維亞的領土雖然擴大許多，但對於始終未能得到出海口耿耿於懷。因此，塞爾維亞趁列強討論阿爾巴尼亞邊界問題時，出兵佔領了阿爾巴尼亞的一部分領土。塞爾維亞的行動引起同盟國強烈反彈，奧匈帝國與德國向塞爾維亞發出最後通牒，面對強權的威脅，塞爾維亞只好暫時撤退。

此外，德國在軍事上幫助土耳其重整軍隊，而土耳其則委任德國軍事代表擔任伊斯坦堡的軍團司令。伊斯坦堡是俄國覬覦已久的要地，德國擔任軍團司令後，便有正當藉口入主伊斯坦堡，這是俄國所不能容忍的。俄國對此強烈不滿，並準備與德國等同盟國家單獨開戰，迫使德國與土耳其做出讓步，放棄對伊斯坦堡的軍事控制權。二十世紀初期，巴爾幹半島的局勢，除了自身民

族的衝突之外，歐洲列強彼此的軍備競賽以及對巴爾幹的利益分贓，使巴爾幹地區火藥味十足，在 1914 年奧匈帝國王儲佛蘭茲‧斐迪南大公 (Archduke Franz Ferdinand) 被暗殺事件為一導火線，第一次世界大戰一觸即發。

第二節　第一次世界大戰導火線

在 1914 年 6 月 28 日一名塞裔波黑青年普林西普 (Gavrilo Princip) 刺殺了奧匈帝國王位繼承人斐迪南大公，導致塞爾維亞與奧匈帝國交戰，因而爆發第一次世界大戰。此次戰爭牽連整個歐洲，也造成各列強元氣大傷。而造成此次戰爭的背景有下列幾點：

㈠奧匈帝國舉行軍事演練的目的，在向塞爾維亞等斯拉夫民族炫耀其輝煌的軍力；

㈡青年激進組織的暗殺行動。

一、奧匈帝國舉行軍事演習的挑釁行為

1914 年 6 月 28 日，奧匈帝國的王儲斐迪南大公在其領地波士尼亞－黑塞哥維那的薩拉耶佛舉行奧匈帝國軍隊的演習。而五百多年前的這一天，塞爾維亞等巴爾幹民族在抵抗土耳其的戰爭中，在科索沃戰役慘敗，因而造成巴爾幹半島淪為殖民地的命運。因此，6 月 28 日對塞爾維亞等民族來說，就成為科索沃戰役紀念日。此外，當塞爾維亞在 1835 年獲得獨立地位的同時，於 6 月 28 日頒布了塞爾維亞國家的第一部憲法，雖然在俄國、土耳其等

圖 31：斐迪南大公（左圖）及其遇刺後的送葬隊伍

強權反對之下，被《土耳其憲法》所取代，但這個日子成為後來建國獨立的塞爾維亞民族的國慶日，故 6 月 28 日具有特殊的意義，其包含了民族的屈辱、自尊以及國家獨立等。

而長期為奧匈帝國視為巴爾幹半島擴張領土最大障礙的塞爾維亞，則是奧匈帝國急於想除之而後快的眼中釘、肉中刺。有鑑於此，奧匈帝國選在 6 月 28 日舉行軍事演習，就是在向塞爾維亞、波士尼亞和黑塞哥維那的斯拉夫民族炫耀帝國的武裝軍備與宣揚皇族的權威，這樣的舉動當然大大刺傷塞爾維亞的民族自尊心，也因此引起塞爾維亞民族激進分子的不滿。

二、「青年波士尼亞」組織的影響

早在 1908 年奧匈帝國併吞波士尼亞－黑塞哥維那之後，塞爾維亞境內出現許多祕密組織，滲透波黑的各項活動。在兩次巴爾幹戰爭中，塞爾維亞的勝利對各民族有很大的鼓舞作用。

此外，波士尼亞－黑塞哥維那境內的塞爾維亞青年，反對壓迫青年的社會制度。「青年波士尼亞」組織渴望由社會教區族長的

束縛、各式復古主義中解放出來，並深信有道德與社會意識的個人能樹立良好的榜樣。該祕密組織，不僅注重道德，也注意精神與知識生活，反對利用屠殺手段，達到歐洲列強的利益，後來青年波士尼亞組織認為反抗壓迫制度，不能以群眾運動來表現，因而改採個人恐怖活動，來實現其反抗運動。

　　自 1910 年始，這批組織就不定時的採取暗殺統治者的行動，諸如在 1910 年行刺訪問波士尼亞的佛蘭西茲‧約瑟夫皇帝；1912 年 6 月，射擊克羅埃西亞總督庫瓦葉，此外並槍殺一名高官與一名警察；1913 年 5 月，曾試圖殺害離開札格雷布國民戲院的大公沙爾瓦多爾和總督徐其爾里茨未遂。這些暗殺行動使列強貴族人人自危，而奧匈帝國又選在具有象徵意義的 6 月 28 日舉行軍備演習，這無疑是向塞族人民挑釁，因此「青年波士尼亞」組織成員普林西普，藉此機會暗殺了奧匈王儲斐迪南大公。

　　事件發生後，維也納當局相當震怒，雖然沒有找到直接證據證明是塞爾維亞策劃的陰謀，仍然一口咬定塞爾維亞官方主謀這次暗殺計畫，並提供武器與運送刺客等。另

圖 32：佛蘭西茲‧約瑟夫皇帝

一方面，奧匈帝國也一直在找藉口攻擊塞爾維亞，擴張哈布斯堡的勢力範圍。此次暗殺行動被視為是塞爾維亞對奧宣戰的象徵，奧匈帝國以安定政局為由，於 1914 年 7 月 28 日，正式向塞爾維亞宣戰。

三、第一次世界大戰後的影響

第一次世界大戰塞爾維亞與黑山共同並肩作戰、互相支援，甚至延伸至第二次世界大戰也是維持同樣的革命情感，這也決定了 1992 年南斯拉夫社會主義聯邦共和國解體的同時，塞爾維亞能夠與黑山再共組一個國家的默契。

協約國為了使義大利參戰，盡量滿足義大利獅子大開口的種種要求，最終於 1915 年 4 月與義大利進行祕密會談並簽訂《倫敦條約》，約中允諾將部分斯洛文尼亞與克羅埃西亞的領土讓給義大利，於是在 5 月時，義大利對奧匈帝國宣戰。

此外，協約國與同盟國在巴爾幹半島也極力爭取戰鬥伙伴，當時最有優勢的國家是在第二次巴爾幹戰爭中失敗的保加利亞。對同盟國來說，聯合保加利亞是向塞爾維亞雙面夾擊的理想伙伴；對協約國來說，它既是阻止土耳其的橋頭堡，也是塞爾維亞的後盾。因此保加利亞的立場，對交戰雙方都可能有重大的影響。然而保加利亞對塞爾維亞提出馬上割讓馬其頓的條件，否則即協助同盟國作戰。塞爾維亞不同意割讓馬其頓，1915 年保加利亞隨即與土耳其簽訂盟約，形成德國、奧匈、鄂圖曼與保加利亞「四國同盟」。

圖 33：被德奧聯軍俘虜的塞爾維亞士兵

　　這場戰爭對歐洲列強來說，都有自己的領土要求和利益所在，它們以境內統治的斯拉夫人，組成軍隊對付同民族的塞爾維亞人，使其互相殘殺。維也納最高統帥特別希望塞人與克人分裂，將克羅埃西亞第四十二國內保衛隊稱為「魔鬼師」，並派其前往塞爾維亞作戰。戰爭初年塞爾維亞軍隊佔上風，至 1915 年末情勢逆轉，由於保加利亞加入同盟國，使得同盟國如虎添翼，而塞軍開始節節敗退，當他們退至科孚島時，傷的傷、病的病、死的死，部隊人數不及十五萬人。在此情況下後方的政府高層設法與奧匈軍方恢復談判，但沒有成功，隨後塞爾維亞與盟友黑山被佔領。奧匈帝國對於塞爾維亞與黑山採取嚴厲的民族鎮壓政策，同時對波黑、克羅埃西亞等地的塞爾維亞人都加以歧視與迫害。

　　然而 1917 年俄國「十月革命」的影響扭轉戰爭局勢，促使協約國獲得最後的勝利。俄國於 1917 年爆發「二月革命」並推翻沙皇統治，奧匈帝國、德意志帝國都發生反戰的革命運動。尤其當是年 4 月美國向德國宣戰之後，戰爭情勢開始有利於協約國的發展。之後，俄國爆發「十月革命」，由列寧所帶領的布爾什維克黨無產階級蘇維埃政府，宣布具有歷史意義的〈和平法令〉，主張參戰各國立即締結不割地、不賠款的和約，其中包括了尊重各民族意願以及反對兼併或侵犯他國領土的內容。此外，蘇維埃政府在國內發表〈俄國各族人民權利宣言〉，宣布徹底廢除沙俄帝國，並提出各民族人民享有建立獨立國家的民族自決權。同時，蘇俄政府公布各列強為爭奪領土，互相簽訂的祕密協定。這一連串開誠布公的行動，使巴爾幹半島的斯拉夫民族瞭解歐洲列強在這場戰爭背後真正的目的，於是在 1918 年，克羅埃西亞、斯洛文尼亞、波黑等地都發生反抗奧匈帝國的兵變。自此俄國革命的影響對歐洲帝國產生制約作用，加上奧匈帝國在經歷戰爭的消耗，國內又面臨民族主義運動、罷工等情況下，無力再應付俄國十月革命的衝擊。

　　繼俄國十月革命之後，1918 年美國威爾遜總統提出《十四點和平計畫》，開啟民族自決的大門，為南斯拉夫民族獨立的希望打了一劑強心針。其中有關於巴爾幹半島的內容為：給奧匈帝國內各民族享有自治權；恢復羅馬尼亞人、塞爾維亞人和黑山人的領土，並給予塞爾維亞自由安全的出海口；居住在土耳其的各族人民有權自治等。由於美國的參戰，到 1918 年下半年，整個歐洲戰

場形勢迅速轉變。在巴爾幹半島上，法國、英國、塞爾維亞、希臘和義大利聯軍在 9 月 14 日進攻馬其頓，保加利亞在 9 月簽訂停戰協約投降。因保加利亞投降而孤立無援的鄂圖曼帝國，在協約國夾攻下也於 10 月 30 日停戰投降。此時德國在西線的防線已完全被突破，於 10 月 4 日提出停戰議和。次日，奧匈帝國也要求加入議和行列，結果遭到拒絕，如此一來更加速奧匈帝國瓦解的命運。到 1919 年 6 月 28 日，在巴黎凡爾賽宮簽訂和約，針對稍早在巴黎和會中有關德國問題的條款予以確認生效，從此結束了第一次世界大戰。

在巴爾幹地區南斯拉夫人於 1918 年 12 月 1 日，由塞爾維亞亞歷山大一世 (Alexander Karadjordjevic) 宣布塞爾維亞以及民族委員會所代表的領土正式統一。這個新的國家稱為「塞爾維亞－克羅埃西亞－斯洛文尼亞王國」 (Kingdom of Serbs, Croats, and Slovenes)，雖然當時的名稱還不是南斯拉夫，但是已經算是南斯拉夫王國了。

第三節　南斯拉夫王國的建立

在一次大戰爆發之後，奧匈帝國統治下的克羅埃西亞人領袖杜魯比契 (Ante Trumbié) 與塞爾維亞人領袖蘇比洛 (Franco Supilo) 逃往倫敦，於 1915 年成立了一個 「南斯拉夫委員會」 (Yugoslavia Committee)，以建立包括塞爾維亞、克羅埃西亞和斯洛文尼亞等三支民族在內的一個國家為奮鬥的目標。不過當時塞

爾維亞政府只想將國家版圖擴大,把波士尼亞省兼併,並沒有進一步聯合其他民族共組「南斯拉夫國」的意圖。1917 年 7 月,逃亡至科孚島 (Corfu Is.) 上的塞爾維亞王國總統巴什契 (Nikola Pasié) 終於同意與 「南斯拉夫委員會」 代表杜魯比契等在科孚島集會,會後發表〈科孚宣言〉(*Declaration of Corfu*),聲明願於戰後在塞爾維亞黑喬治王朝的領導下,由塞爾維亞、克羅埃西亞和斯洛文尼亞等三支民族共組聯合王國,實行君主憲政。至於國家的組成型態,採取中央集權或聯邦制,則尚無定論。

〈科孚宣言〉發表後,立即引起奧匈帝國統治下南斯拉夫人的共鳴。1918 年 8 月,他們推派代表在斯洛文尼亞首府盧布黎亞那集會,組成 「南斯拉夫國家委員會」 (Yugoslav National Council),11 月 23 日國家委員會宣布願意與塞爾維亞王國與黑山國共組聯合王國。12 月 1 日,塞國攝政親王亞歷山大一世在貝爾格萊德正式宣告新國成立,而當時國家名稱為了強調組成分子的獨特性,稱為 「塞爾維亞－克羅埃西亞－斯洛文尼亞王國」。同時,黑山國也迅速召開國會,決議廢除該國國王,加入新成立的聯合王國。

臨時政府內閣於 1919 年 1 月成立 , 總理由塞爾維亞人普羅提契 (S. Protié) 擔任 , 副總理由斯洛文人柯洛什伊 (Korosec) 擔任,外交部長由克羅特人杜魯比契擔任。新內閣的首要工作,其一為與聯軍簽訂《巴黎和約》,二為召開制憲代表大會。但因南斯拉夫對於西北方的邊界問題,與義大利發生嚴重爭執,因而耽誤了制憲代表大會的召開。

　　制憲大會延至 1921 年 6 月 28 日，通過了第一部憲法。在制憲會議中，各方爭辯的焦點是新國的國體問題。巴什契領導的「塞爾維亞激進黨」(Serbian Radical Party)，主張中央集權；而拉迪契 (Stephen Radié) 領導的「克羅特農民黨」，則主張聯邦制，各民族仍各自擁有高度的自治權，中央政府的權力只限於全國的外交、國防、錢幣、郵電等部門。巴什契是一個大塞爾維亞主義者，希望新國均在塞人的控制之下，而拉迪契卻是一個強烈的克羅埃西亞民族主義者，全力反對塞爾維亞勢力的擴張。這在在顯示塞、克兩族的對立與衝突，而此種對立與衝突在南斯拉夫建國初期已然存在，其影響力一直持續至 1980 年代。

　　制憲代表大會共有四百一十九席，參加的黨派多達十餘個，其中較為重要的政黨歸納如下：

　　㈠塞爾維亞激進黨：獲得九十一席，代表農民及中產階級，後來漸趨保守。

　　㈡民主黨：獲得九十二席，由激進黨的分裂分子聯合前屬奧匈帝國統治的塞爾維亞人代表組成。

　　㈢克羅特農民黨：雖然農民黨僅獲得五十席，卻是克羅埃西亞區的唯一大黨，維護農民權益，並強烈要求自治。

　　㈣斯洛文尼亞的人民黨：共獲得二十七席。

　　㈤波士尼亞的伊斯蘭教徒：共獲得二十四席。

　　㈥共產黨：成立於 1919 年，戰後人數激增，獲得五十八席，是此次大選中獲得票數較高的第三大黨。

一、民族問題紛擾不休

　　南斯拉夫是一個多民族的國家，在 1918 年全國人口約共一千二百萬人。各民族仍想擁有一定的主導權，因此紛爭也常源自於其複雜的民族問題。依照《維多夫坦憲法》的規定，塞爾維亞、克羅埃西亞和斯洛文尼亞等三個民族為國族 (State Nations)，因其所佔人口比例為南國的前三名。而南斯拉夫的民族問題主要是三個「國族」之間的衝突；另一個是國族以外的少數民族問題。

　　塞爾維亞王國為南斯拉夫的主幹，塞國境內除了為數僅有十萬左右的羅馬尼亞人和保加利亞人以外，幾乎全是塞爾維亞人，佔全國人口的百分之四十。這些塞爾維亞人，信仰東正教，民族意識極強，一向以南斯拉夫人的領導自居。因此在南斯拉夫建國初期，即與其他兩個「國族」（即克羅埃西亞人與斯洛文尼亞人），發生激烈的爭執。

　　其中，以克羅埃西亞人的民族意識最強勢，其在南國境內佔總人口的四分之一，多數信仰天主教，在南斯拉夫其他族群中，克族的文化程度與經

圖 34：1920 年的巴爾幹國家

濟水準較其他民族為高。他們不斷為尋求獨立、提高政治地位而奮鬥。

克羅埃西亞人在戰後組成一個民族委員會，在政黨活動中，拉迪契與後來之繼承者馬契克所領導的「農民黨」，為克國民族的代言人。戰後十年間南斯拉夫政治之所以未上軌道，部分是由於塞爾維亞人與克羅埃西亞人的對立。馬契克曾在 1929 年向南國國王提出另制新憲法的要求，主張由七個獨立的邦國聯合組成南斯拉夫聯邦。此七個聯邦為塞爾維亞、克羅埃西亞、斯洛文尼亞、波士尼亞、佛依沃丁那、黑山國以及馬其頓。每邦都有自己的立法機關，除外交由中央政府主持外，其餘的財政、貿易、教育等事務，皆由各邦自行自主。甚至軍事權亦交由各邦負責，邦政府可在各邦徵兵，而這些軍隊的任務僅限於平日在本邦的活動，非經邦議會許可，不得擔任本邦以外的任務。之後，馬契克同意將馬其頓劃歸塞爾維亞的範圍內，波士尼亞則由塞、克二邦瓜分。

其次，斯洛文人數在南國佔第三大多數，不過遠比克羅埃西亞人少，僅佔全國人口的百分之九。塞、克二族的語言相同，而斯洛文人另有獨立的語文。他們信仰天主教。由於他們居住在南斯拉夫王國的西北部，與義大利和奧國接壤，所以他們的民族意識雖強，但仍願與中央政府合作，以保障自身的利益。因此，在戰後，斯洛文人常扮演塞爾維亞人與克羅埃西亞人之間的調停者。

除此之外，在南國的少數民族中，馬其頓人佔第一位。戰後，馬其頓民族主義興起，並計畫聯合散居在希臘、保加利亞的馬其頓人，另組一個獨立的「馬其頓王國」。南斯拉夫曾對馬其頓人強

力推行「塞化」運動 (Serbization)，引起馬其頓人的不滿。兩者的爭執相持不下，因為少數民族的問題，造成日後更大衝突的不定時炸彈。

二、南斯拉夫王國與新憲法的建立

　　塞爾維亞的激進黨領袖巴什契組成首屆內閣，克羅特農民黨則居於反對黨的地位，農民黨領袖拉迪契堅持聯邦原則，要求擁有自治的權利。1928 年，拉迪契與四名克羅特農民黨代表在貝爾格萊德的南國議會中，被一名黑山籍的議員射殺，克羅特議員憤而全體退出議會，由對立變成分裂。此時，南斯拉夫國王亞歷山大一世為圖打開僵局，於 1929 年 1 月初，邀見新任農民黨領袖馬契克，並徵詢其意見。馬氏要求另外制定新憲，將全國分為七個單位，合組聯邦，各自設立議會，控制財政、貿易、教育等，並且可以自行徵兵。

　　亞歷山大一世衡量局勢，決定廢除議會政治，改行「君主獨裁」。於是，在 1929 年 1 月 6 日下令解散議會及各政黨，廢除 1921 年的《維多夫坦憲法》，集軍政大權於國王一身，建立一個超越塞爾維亞民族和克羅特（克羅埃西亞）民族主義之上的「南斯拉夫民族主義」 國家 。 並將國名改為 「南斯拉夫王國」 (Kingdom of Yugoslavia)，1931 年更正式頒布新憲法，使其獨裁合理化。

　　此後，國王享有最高權力，不受憲法約束，有權制定與頒布法律、任免官員、宣戰媾和、指揮軍隊。除此之外，一律禁止人

民言論出版集會的自由，並實行恐怖統治。凡具有地方性色彩的政黨與宗教，一律禁止。全國的地方行政區，由原來的三十三區改為九省。

南斯拉夫是以塞爾維亞及黑山國為基礎，再加上原屬奧匈帝國的斯洛文尼亞、克羅埃西亞、波士尼亞、黑塞哥維那等斯拉夫人的居住地區合併而成的新興國家。因為部分領土來自匈牙利，所以南斯拉夫和捷克與羅馬尼亞一樣，為防止匈牙利再度興起，遂在捷克外長貝奈施活動下，南斯拉夫、捷克、羅馬尼亞三國結盟，成為所謂「小協約國」(Little Entente)。小協約國的幕後支持者與保護者為法國，它為了防制德國，必須在東歐尋求盟邦。在第一次大戰以前，法國的東歐盟友是俄國，戰後俄國成為共產政權，另有外交路線，小協約集團和波蘭乃成為法國爭取的對象。但是這一系列以法國為中心的外交組合經不起考驗，在 1938 年捷克危機發生時就全盤崩潰了。

南斯拉夫於建國之初，即與義大利發生領土爭執，爭執的焦點是伊斯特里亞半島東北端的阜姆港 (Fiume)。1915 年 4 月，協約國以極為優渥的條件，與義大利簽訂《倫敦條約》，義大利隨即於同年 5 月加入協約國一方正式參戰。在《倫敦條約》中預定劃予義大利的奧國領土原包括伊斯特里亞半島和阜姆在內。然而，自南斯拉夫建國之後，要求將阜姆港劃歸南國，主要理由為：其一，該居民多為斯拉夫人；其二，該地為一重要海港，而且是南斯拉夫鐵路系統的終點。南國的要求受到美國總統威爾遜的大力支持，義大利總統奧蘭多 (V. Orlando) 因此憤而退出巴黎和會。

圖 35：亞歷山大一世遇刺情形

　　1934 年國王亞歷山大一世被刺身亡，兇手喬治耶夫 (Georgiev)，是一個馬其頓籍的烏斯塔夏分子，亞氏被刺後國內政治獨裁稍見緩和，塞爾維亞和克羅埃西亞的合作關係亟需調整，但是 1941 年德軍入侵，克羅埃西亞向軸心國靠攏，而斯洛文尼亞為德、義瓜分。

　　亞氏死後的新政府與克羅埃西亞人之間的關係，漸獲改善，雙方均欲結束歷時多年的對立狀態，1938 年 8 月克羅埃西亞領袖馬契克訪問貝爾格萊德，受到塞人熱烈歡迎，塞人視為民主自由的象徵。1939 年 2 月，保羅親王攝政將阻礙塞克合作的總理史托雅迪諾維支免職，由茨維考維支 (D. Cvetkovich) 繼任。不久，捷克已被瓜分，南國更受威脅，政府必須早日結束內訌，促成全國團結，遂於 1939 年 8 月 26 日與克羅特人達成 「協議」 (Sporazum)，將克羅埃西亞省的範圍擴大，面積約佔全國的百分之二十六，由馬契克出任副總理，而馬氏另一助手出任財政部長，多位農民黨領袖參加議會。然而，協議成立不到一星期，第二次世界大戰爆發。

三、南斯拉夫對外關係

首先，南斯拉夫與義大利一直在領土議題上爭執，阜姆港即為雙方爭奪的焦點，最後於1924年的協議中，將阜姆市區劃歸義大利，而港區則劃歸南斯拉夫。由於墨索里尼在外交上採擴張侵略政策，致使兩國在二次大戰間的關係始終未能徹底改善。

圖 36：1941 年的巴爾幹國家

其次，德國在希特勒的帶領下，積極發展東歐貿易。1934年與南國簽訂《貿易條約》，使南國的農產品獲得銷售市場，因此南國與德國的關係就此拉近距離。保羅親王更向德國靠近，加上鄰近國家不是成為德國的盟邦，就是成為德國的一部分，使南國即使想維持中立態度也相當困難。

四、第二次世界大戰與南斯拉夫的淪陷

南斯拉夫於第二次世界大戰爆發後，立刻宣布中立。但自法國戰敗投降、英軍向西撤退，此時義大利出兵攻擊希臘、德軍入主羅馬尼亞，南國情勢越加險惡。1941年2月，希特勒邀請南國

圖37：彼得二世　1923年9月6日生於貝
爾格萊德，1970年11月3日死於洛杉磯。
為南斯拉夫最後一位國王，亞歷山大一世
之子，1934年繼任，是位有名無實的君
主，由其叔叔保羅親王攝政至1941年，彼
得二世在掌權數週後，因德國的入侵而流
亡至倫敦，他領導一流亡政府至1945年南
斯拉夫君主政體瓦解，之後遷居至美國。

總理茨維考維支進行會商，要求加入軸心國行列，南國深知自己
軍事實力不足以保衛國土，不如順從德軍要求，或許還可保持國
家領土完整，避免一場浩劫，遂於同年3月25日，於維也納簽約
加入軸心國。

　　南國的加入，引起國內人民的反彈，紛紛要求總理下臺。英、
俄等國對此深表支持，甚至希望南國能加入它們的行列，逐退巴
爾幹的義大利軍隊。但新政府時而想加入軸心國，時而想加入同
盟國，其猶豫不決、搖擺不定的態度，讓希特勒感到不耐，於是
下令於4月6日開始轟炸貝爾格萊德，並分頭進攻南斯拉夫。4
月17日，國王彼得二世 (Peter II Karadjordjevic) 率政府團隊輾轉
逃往倫敦，而南斯拉夫領土則被德、義、匈、保等國佔領瓜分。
斯洛文尼亞北部、塞爾維亞被德國佔領；義大利則兼併斯洛文尼
亞南部達爾馬奇亞海岸以及黑山國；保加利亞佔領馬其頓；科索
沃則併入受義大利統治的「大阿爾巴尼亞」。

　　而克羅埃西亞雖然予
以獨立，稱為「克羅埃西
亞國」(State of Croatia)，
但實為附庸，名義上由一
位義大利薩伏伊王朝的親
王擔任元首，不過實際統
治權則操控在帕威里契
(Ante Pavelic) 手上，其為
烏斯塔夏的領袖，具有強

圖38：1941年帕威里契（左）與德國官
員合影

烈克羅埃西亞民族主義色彩，因此在掌權不到一個月，便開始頒
布反塞爾維亞與反猶太的法律。此外，他還與德義合作，執行恐
怖行動，針對塞裔以及其他少數民族，進行逮捕、放逐、殺害等，
這種殘忍手法也種下塞裔與克裔彼此仇視的種子。

狄托領導下的南斯拉夫共黨政權

1941 年，南斯拉夫出現一支由狄托 (Josip Broz Tito) 所帶領的民族解放軍。狄托在 1937 年接掌南國共產黨，之後即積極組織軍隊反戰，並召開第五次黨代表大會，此次會議根據黨內聯邦統一的原則，為全南斯拉夫的奮戰奠下基礎。狄托的作戰部隊成員主要是塞裔，而斯洛文尼亞在面對南斯拉夫的反德義行動時，曾一度退據山區，但在 1941 年會議中則決定加入民族解放軍的行列，波黑與馬其頓也是如此，只是加入規模比較小。1943 年，在一場南斯拉夫反法西斯聯盟 (Council of Anti-Fascist Alliance) 大會上，為戰後的南斯拉夫鋪路，會中決定未來南斯拉夫將是一個由六個共和國組成的聯邦國家。

第二次世界大戰結束前後，決定戰後東歐各國命運的關鍵，乃因在德黑蘭、雅爾達和波茲坦等地舉行的高峰會中，已經將東歐劃入蘇聯的勢力範圍，因此淪入鐵幕的東歐國家包括波蘭、捷克、匈牙利、南斯拉夫、羅馬尼亞、保加利亞和阿爾巴尼亞等七國。南斯拉夫於二次戰後建立共產政權，實行一黨專政。

第一節　共黨政權的建立

一、共黨政權的建立

　　根據《雅爾達協議》的規定，1945 年 3 月，由流亡政府與民族解放委員會組成聯合政府，狄托為總理兼國防部長，英國、美國、蘇聯先後承認南斯拉夫政府。制憲議會於 11 月 29 日舉行，首先廢除國王彼得二世，改建「南斯拉夫聯邦人民共和國」(Federal People's Republic of Yugoslavia)，1946 年 1 月 30 日通過第一部新憲法，制憲議會隨著提升為聯邦人民共和國的「人民議會」(People's Assembly)。

　　南斯拉夫與其他東歐國家不同，它是一個多民族國家，因此其採用「聯邦」形式，依照 1946 年憲法的規定，聯邦的成員包括六個共和國、一個「自治省」和一個「自治區」等。六個共和國為塞爾維亞、克羅埃西亞、斯洛文尼亞、波士尼亞－黑塞哥維那、黑山以及馬其

圖 39：1945 年的南斯拉夫

圖40：1944年蘇聯軍隊解放貝爾格萊德

頓。其中由於塞爾維亞面積過大，與其他共和國相差懸殊，因此將位於其北部有少數馬札爾人聚居的佛依沃丁那劃為一個獨立的自治省，並且又將南部有少數阿爾巴尼亞人聚居的科索沃劃為另一個獨立的自治區。

南共能在短短時間內，就獲得列強支持繼而掌握政權，其成功原因約有幾點：

㈠戰爭的影響：戰爭前，南共受制於政府，戰爭發生後，南共便可在民眾協助下，打著愛國抗敵的口號，從事游擊戰。

㈡對國內各民族問題採兼容並蓄政策：狄托為克羅埃西亞人，而其發源地為塞爾維亞。南共的目的為擴張勢力，對於國內民族問題或宗教信仰則提出「友愛團結」(brotherhood and unity)的口號，他明白各民族若不團結，就無法實現南斯拉夫國的理想。他同時意識到，亞歷山大一世無視國內種族繁雜的情況，一味追求「單一性」，根本毫無意義，所以他的統一是族群間相互尊敬、共存共榮，而不是假裝維持一個超民族的「民族」。

㈢狄托的強勢領導：狄托上任後集黨政軍大權於一身，並

隨即將身邊幾位親信都安插於要職，且堅持「以南人領導南共」
的原則，抵抗外國勢力的干預。

　　㈣西方國家的支持：英國原本想支持流亡在外的彼得二世，
因受到南共宣傳的影響，以及採納「保存實力等待時機」等戰略，
遂轉而支持狄托。

　　狄托政權成立後，他的得力助手蘭科維奇 (Aleksander
Rankovic)、卡德爾 (Edward Kardelj)、吉拉斯 (Milovan Djilas) 等
人，皆是共黨中央政治局委員，並先後進入政府。

二、蘇聯與南斯拉夫的決裂

　　南斯拉夫與蘇聯的關係，可追溯至十九世紀，它們彼此是「大
斯拉夫主義」的親密伙伴。然而，第一個叛離蘇聯的國家，竟也
是狄托所領導的南斯拉夫，於 1948 年俄南終告分裂。狄托原是忠
實的共產黨員，且忠於莫斯科，無奈蘇聯優先考慮的皆是本國的
利益。

　　俄南分裂的原因可歸納如下：

㈠南斯拉夫民族與南共的特殊性

　　南斯拉夫人，尤其是塞爾維亞人、克羅埃西亞人和黑山國人，
都具有不屈不撓的革命精神。而南斯拉夫共產黨，大多數是土生
土長的黨員，其幹部均為狄托的死黨。狄托出任南共書記長時，
史達林剷除異己的「大整肅」行動 (1936～1938) 已經結束，故南
共內部立場較為統一，無所謂「托派分子」、「支派分裂分子」的
分別。

　　狄托強調，南共能掌握大局全靠自己的努力，不像其他東歐國家，大半借助他人，因此當史達林強調保加利亞共黨的戰績優於南共時，讓後者難以接受。

㈡南斯拉夫在東歐的擴張野心

　　南斯拉夫具有相當的擴張野心，其計畫聯合巴爾幹半島國家，合組「巴爾幹聯邦」(Balkan Federation)，並且聯合東歐其他國家，合組「東歐邦聯」(East European Confederation)。所謂「巴爾幹聯邦」的成員，除了南斯拉夫之外，包括阿爾巴尼亞、馬其頓、保加利亞等，甚至建議保加利亞、羅馬尼亞兩國建立關稅同盟，希望羅馬尼亞也納入聯邦。

　　史達林對於南斯拉夫的聯邦計畫，在初期尚能容忍，但是當他知道南共計畫擴大到羅馬尼亞乃至波、捷、匈等國時，即無法接受。1948 年 2 月 10 日，史達林表示對南、保簽訂友好條約不滿。有鑑於此，俄國要求與南國簽訂《俄南協議》，保證今後南國所有外交問題必須先徵詢蘇聯的意見。

㈢蘇聯對於南國的經濟壓迫

　　二次戰後蘇聯對東歐國家極盡壓榨之能事，蘇聯要求石油合營，並將石油一律運往蘇聯。除了石油之外，又要求採礦及煉鋼合營。為了控制這些合營公司，使其正常營運，蘇聯提議成立「俄南銀行」，但遭到南國拒絕，因為南國在此一連串過程中，逐漸感覺到蘇聯的真正目的，僅是帝國主義式的經濟侵略。

　　讓南國更無法忍受的是在俄南合營公司所受到的不平等待遇，俄國一批顧問的薪資遠比同級之南人為高，並且態度高傲，

剛愎自用。經營內河航運的合營公司，蘇聯原本答應提供新船參加營運，事後一概食言。對此南國已完全失去信心，拒絕再參加任何合營公司。

㈣蘇俄密諜對於南斯拉夫的滲透顛覆活動

南斯拉夫共產黨雖然對蘇聯效忠，但是史達林對狄托仍存疑慮。自 1944 年起，即在南國政府、武裝部隊以及各行政單位中，布置了大批的間諜，建立緊密的情報網。蘇聯所吸收的人，部分是戰時被俘虜的南斯拉夫兵官。蘇聯的密諜活動，使南共相當不滿，故採取抵制行動。

總之，俄國與南國分裂的主因，是俄國希望維持一元帝國的統治，南國為其附庸；而狄托則堅持獨立路線。自 1948 年 2 月與蘇聯簽訂《俄南協議》時，俄、南雙方即相互展開攻訐，其間吉拉斯曾批評俄國軍官水準不如英軍，而俄共則批評南共為一批「有問題的馬克思主義者」，具有「托派」色彩。南共對於俄國的指責十分惱火，並提出以下幾點反擊：第一，南國不容許蘇聯在該國建立諜報網；第二，狄托聲稱雖敬愛蘇聯但亦同樣愛護自己的祖國。

1948 年 5 月，蘇聯去函邀請狄托出席共產情報局會議，遭狄托拒絕。之後，共產情報局於 1948 年 6 月 28 日發布公報，將狄托的錯誤一一列舉，指責狄托採取「民族主義路線」，並將南斯拉夫帶往資本主義，試圖鼓動南共內訌，推翻狄托改建親蘇聯的傀儡政權。

不過，蘇聯情報局公布的時間不適當，這天正好為紀念 1389 年科索沃戰爭的紀念日，同時也是 1914 年塞爾維亞人射殺奧匈王

儲斐迪南大公的紀念日，在這個象徵民族意義的時刻公布狄托的錯誤，反而激起南斯拉夫人的反抗情緒。在 7 月 21 日第五屆代表大會上，狄托慷慨激昂的致詞長達九小時，普遍獲得南斯拉夫人的支持。蘇聯原本以為狄托在強大壓力下，應該會屈服，沒想到最後竟使他成為民族共產主義的象徵。是年 10 月，蘇聯將南國大使驅逐出境。

　　南斯拉夫與蘇聯決裂後，已經脫離其控制，因此並未參與「華沙公約組織」和「經濟互助會」，故在 1989 年的東歐變革中，並沒有受到很大的衝擊。南斯拉夫複雜與多元的語言、宗教、文化背景以及經濟發展程度的差異，使得南國政治難以和平維繫。南國聯邦的形成，全仰賴狄托在大戰期間領導全民抗戰的功勳和威望等個人魅力維持。在 1980 年 5 月 4 日狄托逝世後，象徵一個時代的結束，遺留下二百億美元的外債和日益惡化的經濟，而聯邦形式僅勉強維持。

　　總之，南斯拉夫能以附庸國家力敵蘇聯強權，實屬不易。而南國能安然無恙，沒有遭受蘇聯殲滅的原因為：第一，狄托所帶領的南共在國內根基穩固，足以抵抗外來的強弩；第二，南斯拉夫的地理位置優越，處於蘇聯的西南邊陲，又與西方國家接壤，可較為快速的得到援助。加上當時處於東西冷戰時期，蘇聯不願意任意引發戰爭，惹惱美國。

第二節 狄托主義和不結盟運動

在 1948 年狄托與蘇聯決裂之後，他在國內外的聲望，以及他對權力的掌握，都進一步的提升。他同時清楚國內仍然支持蘇聯社會主義的分子，將是未來執行政策的絆腳石。於是，狄托進行了共產黨陣營內部的清算，凡是不支持南斯拉夫獨立的人，都受到嚴厲的對待。此外，他進行一連串的經濟與政治改革，產生所謂「狄托主義」(Titoism)，而狄托主義就是不斷的修正主義。此外，在外交關係上，為維持和平、尊重國家獨立與主權完整原則，決定不參加任何軍事集團，包括「華沙公約組織」或「北大西洋公約組織」，於是發展出不結盟運動政策 (Nonalignment policy) 的論調。

一、狄托主義

狄托主義所意涵的為民族自決、獨立的社會主義道路和積極中立。南斯拉夫遭赤化後，狄托於 1946 年初，就制定蘇聯式的《人民共和國憲法》，接著實行產業國有化、農業集體化，1947年就開始五年計畫。當時南斯拉夫的經濟幾乎完全依賴蘇聯與東歐。然而，1948 年 6 月 28 日國際共產情報局的決議公布後，南斯拉夫在外交、經濟、文化等方面與共黨集團的關係，幾乎全被切斷。於是，狄托就只好走自己獨立的社會主義道路了。

因此在 1948 年至 1950 年間，狄托和南共的一批理論家，全

圖 41：影響南斯拉夫發展重要人物——狄托　1892 年出生於克羅埃西亞西北山區薩哥爾葉 (Zagorje) 的小村中。1928 年擔任中央委員會代表兼克羅埃西亞與斯拉沃尼亞黨委總書記。1940 年 10 月，南共召開第五屆代表大會，當選總書記。自 1941 年以來，狄托便領導民族解放軍對抗德義佔領軍。1953 年狄托當選南斯拉夫第一任總統。1980 年逝世，享年八十八歲。

都絞盡腦汁，為狄托設計一套符合他理念的理論基礎。1952 年 9 月，在第六次代表大會上，南共決定改名為「南斯拉夫共產主義者聯盟」（League of Communist of Yugoslavia，簡稱南共聯盟）。當南斯拉夫共產黨被蘇聯排除後，在 1958 年 4 月 22 日至 26 日舉行第七次代表大會，通過符合狄托主義基本精神的〈修正主義 (revisionism) 綱領〉，其主要原則為反對以蘇聯為國際共產主義運動的中心，認為國家民族獨立自主為世界和平的基礎。

　　此套綱領包含幾項主要意涵：首先，〈修正主義綱領〉與〈莫斯科宣言〉大相逕庭，修正主義以維持世界和平為首要，並且強調國家民族的獨立自主為世界和平的基本條件；其次，對現代資本主義有新的分析與認識，認為國家經濟任務應加強，對勞資雙方加以限制，促進勞資均衡；再者，對現代社會主義也做出新的詮釋，指出現代社會主義不應只是想打倒資本主義，還需多觀察

社會現況，找出最適合的社會主義道路；最後，對當時新環境下
的社會主義鬥爭，提出應採多樣化的勞動運動，並增加彼此和平
互動，強調應創造性的發展馬克思主義。由上述可知，狄托主義
提供傳統社會主義更多樣化的發展，他若干概念並直接間接地影
響日後的歐共主義 (Eurocommunism)。

　　總體而言，一般所謂「狄托主義」，至少包括六個層面：工人
自治制度、計畫與市場經濟兼顧、取消集體農場的經營方式、採
聯邦與地方分權制、實行共產黨一黨專政以及外交政策堅持不結
盟運動等。

二、南共的自主管理

　　自 1950 年代開始，南共採行比較溫和的社會主義路線，南斯
拉夫獨特的社會主義道路，最大的特色在於勞動者自主管理制度
(self-management)。這種經濟改革，一度被其他共黨國家點名批
判為修正主義。此構想為狄托身邊得力助手卡德爾和吉拉斯想出
來的點子，其強調「社會所有」，即由勞工自己經營，一方面掌握
生產工具，同時並有權分配生產所獲得的剩餘價值，並非一切皆
由政府經營。誠然，南斯拉夫由工人管理企業的制度，不僅可以
滿足工人的事業心，並且還可以提高他們的經濟地位，使他們從
工資勞動者變成企業利潤的分享者。顯然地，此種制度的目的是
要刺激企業和工人，努力求取最佳利潤。大體上，南國的工作組
織包括：工人直接管理或由其所選的機構來管理企業、企業的擴
大、分配收益、調整工作情況，以及決定與其他企業之聯合等。

　　此外，在農業方面，於 1935 年通過一項新法案，解散了大多數的集體農場，並將土地歸還給農民所有，先前強迫農民交付之農產定額亦被取消，農產品的自由市場與土地的私人買賣亦獲許可，每一戶農家最多可以擁有十公頃的土地。由此可見，南共對農民做了相當的讓步。

　　在 1950 年代到 1960 年代初期，南斯拉夫的經濟改革對該國的經濟發展確實起了積極的作用，明顯超越其他由共產黨領導的國家。然而，南國的經濟改革有流於表面化的傾向，有時為改變而改變，並施行社會共產而沒有考慮消費者心理，也沒有衡量經濟真正需求。儘管吉拉斯曾經提出這套制度的弱點，但狄托不予採納，導致 1980 年代開始，南斯拉夫的經濟狀況明顯惡化，明顯暴露狄托體制的極限性，而狄托後期出現外債激增，經濟困難層出不窮的情況，雖然政府當局曾試圖採取某些因應對策，諸如改變生產結構、放慢經濟發展速度、減少消費、增加出口減少進口、壓縮投資，以縮小國際收支的逆差，不過緩不濟急，成效不彰。

　　綜以觀之，造成南斯拉夫經濟危機日益嚴重的主要原因，除了共黨體制欠缺靈活性之外，外債過高、赤字龐大、通貨膨脹和失業率升高都是主要原因。此外，投資不當、計畫錯誤，加上國際經濟不景氣的影響，也是促使南國經濟衰退的因素。

三、不結盟運動

　　另外，與經濟改革同時進行的獨立外交政策，也成為南共特色之一。狄托主義成功的地方，就是他的外交政策，其所提倡的

不結盟運動，使他聲望大增，不但提升南國的國際地位，也獲得西方經濟上的支持，加速南國建設的腳步，從而亦建立起狄托個人屹立不搖的政治地位和威權體系。在 1950 年代美蘇冷戰時期，由於南國地理位置的優越，使其獲得微妙的平衡。狄托在這樣的處境中，選擇採取「中庸」路線，意識型態上傾向東歐共產主義，而物質和財政上，則趨近西方的資本主義。此外，他還可以擔任雙方的傳聲筒，甚至從東西雙方接受援助，吸取利益。

大體上，他把南斯拉夫的外交政策重心放在歐洲以外的戰場，與許多剛剛獨立，或正在為獨立而奮鬥的國家合作，至此形成所謂「不結盟國家」，而不結盟國家集團中的成員大多是亞洲、非洲、拉丁美洲等所謂「第三世界」的國家。自 1950 年代初期，狄托即與印度總理尼赫魯 (J. Nehru)、印尼總統蘇卡諾 (Sukharno) 和埃及總統納瑟 (G. A. Nasser) 等人密切接觸。

南斯拉夫以不結盟為標榜，獲得西方國家支持，並予以鉅額金援，以解除因中斷與蘇聯及東歐貿易所引起的財政危機。1951年杜魯門總統認為，美國必須加強南國的軍力，以遏阻蘇聯對東南歐的侵略。此項政策一直到 1953 年艾森豪總統接任後，仍然維持不變。

1961 年在貝爾格萊德舉行首次不結盟國家高峰會議，共有二十五個國家參加。這些國家剛脫離帝國的統治，民族意識非常強烈，而狄托正好是他們的代表人物，也因此受到這些新興國家的尊重。在蘇卡諾下臺、尼赫魯病死後，狄托於是脫穎而出，成為「不結盟國家」的領袖，南斯拉夫的國際地位也隨之提高。1979

年不結盟集團在古巴首都哈瓦那 (Havana) 舉行會議，卡斯楚 (Fidel Castro) 雖有意爭取領袖位子，不過第三世界國家皆同聲支持狄托。然而，在狄托死後，南斯拉夫在「不結盟國家」中的地位也隨之低落。

第三節　高壓下的民族主義暗潮

　　二次戰後，南斯拉夫幾乎都籠罩在民族主義和歷史糾葛的陰影下，鮮少渡過安寧的日子。狄托統治南國三十五年，儘管他倡行所謂「修正主義──市場社會主義」，沒有跟隨蘇聯同步進行社會主義建設，但南共並未替這個多民族國家謀福造利，解決其境內的矛盾和困局。過去三十多年當中，雖然南國也能維持某種程度的穩定。不過，這種穩定是假象，全賴狄托個人威權和遍布全國每個角落的情治系統。一旦共黨統治機器崩潰之後，所有的疑難雜症立即併發，難以收拾。

一、塞爾維亞民族主義的狂潮

　　1981 年，科索沃爆發學生示威，阿爾巴尼亞人打著分離獨立的旗號，隨即在南斯拉夫各民族的聯手下，迅速鎮壓這場暴動。科索沃大學生人數與人口比例，在南斯拉夫境內最高，又是高度失業的地區，社會問題叢生。

　　直至 1987 年，南斯拉夫的種族危機才正式浮出檯面。塞爾維亞人在克羅埃西亞儘管不是多數，卻佔據了政治、媒體、警界以

及軍方等資源。塞族人與克族人彼此的芥蒂由來已久，塞爾維亞民族認為南斯拉夫政經體制執行緩慢，效率不彰，使塞爾維亞發展落後，並因此無法組成自己的國家。他們要求平等與民族自決，要求更多的中央集權。1990 年當選為總統的米洛塞維奇 (Slobodan Milosevic) 甫一上臺就宣稱「不是塞爾維亞統一，就是塞爾維亞不存在」。他的肖像被到處懸掛，成為繼狄托之後受人民擁戴的英雄領袖。

米洛塞維奇藉口科索沃境內的塞裔遭到壓迫，鼓勵塞裔人民串連，舉行群眾大會。他派遣大批軍警進入科索沃，宣稱為了維護南斯拉夫完整，阻止阿爾巴尼亞退出聯邦的企圖。阿族礦工展開大罷工，米氏立刻把阿裔領袖佛拉西 (Azem Vlassi) 拘禁起來，迫使科索沃省議會投票支持塞爾維亞提出的憲政修正案。此外，他又把黑山共和國的領導人換成自己的親信。

在 1989 年東歐革命廣受支持時，南斯拉夫共產黨於 1990 年 1 月 22 日召開中央委員會，決議仿照其他東歐國家，修改憲法，準備實行多黨制，並允許非共政權成立。在聯邦共和國成員之中，首先提出分裂主張的是斯洛文尼亞、克羅埃西亞和科索沃。3 月的憲政改革後，取消自治區省對修憲的否決權和部分自治權。

塞爾維亞民族主義的擴散，對克羅埃西亞、斯洛文尼亞、阿爾巴尼亞人民都造成威脅。而民族主義是一個無法談判妥協的力量，克羅埃西亞、斯洛文尼亞固然反對塞爾維亞、黑塞哥維那的「大塞爾維亞主義」，馬其頓和波黑也基於戰略考慮，傾向支持聯邦，可是它們害怕境內塞爾維亞民族主義的狂潮。

二、南斯拉夫「聯邦制」與「邦聯制」的角力

1990 年 4 月 8 日，斯洛文尼亞舉行南斯拉夫聯邦第一次自由選舉，由主張改建「邦聯」的在野黨「狄莫斯」(DEMOS) 獲勝，奠定了多黨制的基礎。接著，在 5 月間，克羅埃西亞也舉行多黨參加選舉，結果由非共政黨「克羅埃西亞民主聯盟」(Croatian Democratic Union) 獲勝，推翻了共黨統治。不過，「克羅埃西亞民主聯盟」南斯拉夫聯邦共和國的總統由一位塞爾維亞籍的裴維契 (Borisan Jovié) 擔任，而米洛塞維奇把塞爾維亞共產主義者聯盟和社會主義聯盟合併為塞爾維亞社會黨，並且自任主席。裴維契不僅是一個狂熱的共產黨人，也是一個狂熱的民族主義者。在裴氏就職演說中，警告某些提議政治歧見和種族緊張主張的國家，已經危及聯邦的命運，並瀕臨內戰和瓦解的邊緣。而上述警告主要針對近期選舉獲勝的克羅埃西亞和斯洛文尼亞兩個共和國的中間偏右政黨。

科索沃自治省是屬於塞爾維亞共和國管轄，該省的居民以阿爾巴尼亞人佔多數，塞爾維亞人則佔少數。因此阿裔人民不願意接受塞爾維亞的統治，紛紛要求獨立。在 1990 年 7 月 2 日的科索沃省議會開會時，有一百一十四位阿裔代表逕自宣布科索沃為獨立國家。7 月 5 日，塞爾維亞政府就宣布解散省議會，並由塞國直接統治科索沃。7 月 23 日，裴維契總統與斯洛文尼亞總統在斯國首都盧布黎亞那會談後宣稱：現在聯邦制的六個加盟共和國當中，有兩個主張實行「邦聯制」，有四個主張實行「聯邦制」。倘

若主張實行邦聯制的國家一定要堅持此一立場，那麼它們可以和南斯拉夫聯邦共和國維持邦聯關係。但是不能單獨行動，必須等到全國協議通過後才可實行。

此外，同年 12 月 9 日，塞爾維亞和黑山也舉行多黨參加的選舉，共黨仍獲得多數席位。因此，南斯拉夫面臨可能由緊密的「聯邦制」，轉變為鬆弛的「邦聯制」。這種趨勢是由於新的民族主義又在東歐興起，若干少數民族正在逐一追求獨立。

三、克羅埃西亞與斯洛文尼亞的獨立運動背景

二次大戰期間，斯洛文尼亞共產黨在狄托南斯拉夫共產黨的領導和國際共黨 (Comintern) 的指揮之下，迅速發展並成為一支組織嚴密、生氣勃勃的武裝反抗團體。戰後，斯共在南斯拉夫聯邦政府所有各民族一律平等的架構中，一直居於領導地位。自 1948 年南共與莫斯科決裂後，斯共更是扮演著改革急先鋒的角色，勇於爭取自身權益。例如，斯洛文尼亞即享有與奧地利和義大利邊界自由通行的權利。由於斯洛文尼亞在 1950、1960 年代經濟與社會的快速發展，使其自認為西歐國家，因而在 1970、1980 年代斯洛文尼亞亟欲脫離南斯拉夫聯邦而獨立。

在 1991 年 6 月底爆發的民族戰爭就充分反映了前南斯拉夫潛存已久的沉痾。斯洛文尼亞和克羅埃西亞兩共和國於 1991 年 6 月 25 日宣布主權獨立後，同年 6 月 27 日即爆發聯邦軍與斯洛文尼亞邊境警衛的流血衝突，一場南國內戰正式揭開序幕。歐洲共同體眼看在東歐「非共化」後正重建歐洲新秩序之際，南國的動

亂無異是歐洲和平之障礙。為此，歐洲共同體於次日立即展開調停工作，提出三點建議：

　　㈠立即停火；

　　㈡暫緩獨立，延後三個月；

　　㈢改選聯邦主席團主席，避免憲政危機。

　　此項停火建議，隨即獲得衝突雙方的接受。唯從 1991 年 6 月底第一次停火協議起，至 11 月 23 日由聯合國出面斡旋的停火協議為止，短短五個月之間，達成十四次的停火協議。其間，由歐洲共同體出面協調十三次，聯合國派遣特使展開斡旋一次。儘管歐洲國家頻頻進行外交活動，力圖克服南國內戰危機，但所有的努力均告失敗。

　　南國戰火之所以越演越烈，其主要焦點所在即：其一，聯邦人民軍在塞族人指揮控制下，已佔絕對優勢，不願對得來不易的戰果有所讓步；其二，塞、克兩共和國自行成軍的民兵各自為政，失去控制，而不理會停火協議；其三，由一支和平部隊來排除衝突雙方的緊張態勢存在諸多障礙。

　　而克羅埃西亞共和國有三分之一的土地掌握在聯邦軍的手中，塞爾維亞政府不會輕言撤軍。與此同時，克羅埃西亞愛國主義者和極端復仇主義者也不甘罷休，一定試圖收復失土。再者，派遣一支和平部隊，牽涉相關問題繁雜，貝爾格萊德當局由起先的反對外國駐軍，到戰況激烈死傷慘重而同意接受聯合國和平部隊時，整個過程產生不少變數。

Yugoslavia

第 III 篇

南斯拉夫走向衰亡

南斯拉夫解體的內外在因素和影響

第一節　解體的內外在因素

1991 年隨著斯洛文尼亞、克羅埃西亞、馬其頓和波黑相繼宣布獨立後，導致南斯拉夫正式解體。次年，其餘兩個共和國（塞爾維亞與黑山）則另建一個聯邦國家，稱為「南斯拉夫聯盟共和國」(The Federal Republic of Yugoslavia)，以下簡稱南聯盟。而之前的南斯拉夫聯邦共和國則稱為前南斯拉夫。

一、內在因素

就前南斯拉夫內部矛盾尖銳化問題來看，自斯洛文尼亞和克羅埃西亞共和國宣布獨立後，使前南斯拉夫本來就已先天缺陷的毛病，一觸即發，後遺症層出不窮，充分反映前南斯拉夫內部各民族之間矛盾的尖銳化。茲舉三項事實，以為佐證：其一，聯邦政府的運作失靈。前南斯拉夫聯邦主席團主席依輪流順序應於

1991 年 5 月由克羅埃西亞共和國
代表梅西奇 (Stjepan Mesic) 出任。
主席團主席的選舉本來是象徵性，
理應順理成章當選。但塞爾維亞共
和國進行抵制，聯合其盟友黑山共
和國和其境內兩個自治省共掌握四
票，以四比四的相同比數，使梅西
奇無法得到多數票而落選，導致南
國一度陷入憲政危機，國家元首呈
現真空狀態為時一個多月。然後，
經由歐洲共同體出面協調，塞國始
不再堅持抵制，梅西奇才於 7 月正

圖 42：馬克維奇

式就任南國的國家元首職位。照南國《聯邦憲法》規定，主席團
主席乃三軍當然最高統帥。可是，南國內戰期間，這個國家元首
卻毫無作用，指揮不了聯邦人民軍，國防部長更不把他看在眼裡。
塞爾維亞共和國政府更肆無忌憚宣布接掌南國主席團。梅西奇自
認擔任主席團主席，權力被架空，徒具虛名，乃於同年 12 月 5 日
憤而辭職。南國聯邦總理馬克維奇 (Ante Markovic) 對 1992 年國
家預算，編列百分之八十六作為國防經費，形同戰爭預算，深表
不滿，亦在 12 月掛冠求去。以上這些情形，充分說明當時南國聯
邦政府已不再具有正當性和合法性，聯邦政府威信蕩然無存。

　　其二，各民族內部之間矛盾越形明顯。南國民族主義情緒的
高漲不僅推波助瀾加速聯邦的解體，而且也連帶挑起各共和國內

部不同力量之間的摩擦。除了斯洛文尼亞共和國因民族較單純而呈現穩定外，其餘共和國內部均存有不和現象。諸如：克羅埃西亞共和國政府與極右派團體 (HSP) 在對抗塞爾維亞入侵所應採取的策略，產生嚴重的意見分歧，相互抵消力量。後者自組的民兵不聽從克國國家衛隊的指揮，反而揚言取代國防部，決心與塞爾維亞軍周旋到底；塞爾維亞共和國內部則出現反戰力量，逃兵風氣盛行；波士尼亞－黑塞哥維那共和國境內有百分之三十二塞爾維亞人、百分之十九的克羅埃西亞人，與執政的民主行動黨相互較勁，至於馬其頓和黑山兩共和國也面臨類似問題。

其三，「獨立熱」四處蔓延，亦增加南國民族問題的複雜性。隨著斯洛文尼亞、克羅埃西亞兩共和國宣布獨立之後，馬其頓和波士尼亞－黑塞哥維那二共和國也跟進。馬國議會於 1991 年 11 月 20 日宣布為獨立主權國家，波國執政黨主席團亦投票贊成獨立，並尋求歐洲共同體的承認。在南國各共和國紛紛求去之時，克國境內克拉伊納 (Krajina) 塞族人居住區隨即表明態度，準備建立自己的共和國。與此同時，波國境內的塞族人亦誓言脫離，另建自己的共和國。另外，為數近二百萬的阿爾巴尼亞族，也蠢蠢欲動，自謀出路。如此一來，南國更四分五裂，紛擾不止。

除了上述的矛盾尖銳化外，其他還有聯邦人民軍之困境，和財稅外貿制度瀕臨癱瘓。前者，紀律與士氣低落，在逃兵和徵兵的兩難情況下，各民族的猜忌更深；後者，聯邦中央銀行擅自將斯、克兩共和國驅逐出聯邦貨幣體系，使彼此間的內外經貿活動幾乎停擺。

　　凡此種種現象顯示，南國內戰所衍生的問題實屬龐雜，而無法以立即且有效的方法解決之，然而，其最終逼使南國走向分裂之路的主要原因，可以歸納出底下三點：

　　第一，斯洛文尼亞和克羅埃西亞宣布獨立，掀起獨立之風。斯、克兩個共和國自 1990 年 4 月經由自由選舉擺脫共黨長期統治後，剛上臺執政的民主聯盟即一心一意尋求獨立。這個前南斯拉夫最先「非共化」的共和國，一方面深感來自貝爾格萊德中央政府的掣肘，影響其民主化進程；另一方面對把自己共和國境內的生產總值拿出大部分去濟助其他落後的共和國和自治省，影響本國的經濟建設，亦深表不滿。斯洛文尼亞和克羅埃西亞是前南斯拉夫最富裕的共和國，曾是奧匈帝國的版圖，傾向西方，也是前南斯拉夫境內最先把共產黨趕下臺的兩個共和國，自然與其他尚由共黨掌權的共和國施政理念格格不入，很難建立共識。以前，南共大權在握，行「一黨專政」，不至於發生此種現象，但隨著東歐民主化的激盪，南國內部意識形態的矛盾，也隨之日益尖銳化。例如各共和國之間的政經改革進程步調不一，塞爾維亞共和國更不惜違背憲法，強行鎮壓科索沃自治省的動亂，收回其自治權，致使斯、克兩共和國越增疑慮。在這樣相互猜忌，互不信任的情況下，聯邦體制的運作已暴露出不穩定跡象。最顯明的例證，如前所述，1991 年由各共和國和自治省輪流推選產生的主席團主席，曾遭塞爾維亞共和國為首的主席團成員抵制，無法順利選出，以及國防部長不聽從聯邦政府命令，脫法脫序，屢見不鮮。因此，一旦聯邦政府失去控制政局的能力，原本即有潛在危機的南國，

爆發一場內戰就難以避免了。

第二，民族主義高漲，再度點燃了歷史上遺留下來的深仇大恨。1918年第一次世界大戰結束後，由塞爾維亞、克羅埃西亞和斯洛文尼亞等三大民族建立了南斯拉夫王國，國王亞歷山大一世因推行大塞爾維亞主義，對克羅埃西亞族的不滿分子毫不留情的加以迫害。1934年這個國王慘遭克羅埃西亞恐怖分子刺殺。從此，塞、克兩族人乃埋下冤冤相報的種子。第二次世界大戰期間，克、塞這二個民族又再度升高了衝突的沸點，依附德國納粹的克羅埃西亞「烏斯塔夏」組織，承襲納粹對付猶太人的衣缽，大舉進行種族滅絕政策，約有三十五萬塞爾維亞人喪命。根據資料統計，在二次大戰期間，共有一百七十萬南斯拉夫人喪生，其中有八十五萬至一百萬人死於自相殘殺。

戰後，狄托掌握大權，刻意實施民族和解政策，但民族主義情緒並沒有顯著降溫。1971年克羅埃西亞族曾出現獨立運動，隨即被鎮壓。1974年狄托制定新憲法，把塞爾維亞共和國境內二個自治省的地位提高，也使塞爾維亞族耿耿於懷。民族間之和睦相處，若不是經由民主程序和潛移默化的教育手段，以及人權的保障，只憑藉威權力量，是很難奏效的。因此，儘管戰後狄托試圖化解民族仇恨，但這種歷史上存在的陰影，不是短時間可以克服的。1950年代以後，德、法兩大民族得以攜手合作，共存共榮；相反地，蘇聯和南斯拉夫境內各民族卻相互敵對，抵消發展潛力。

第三，大塞爾維亞主義的復活，引起其他少數民族的憂慮。1988年處在塞爾維亞共和國境內的科索沃自治省，發生嚴重暴

動，當時塞爾維亞人立即予以血腥鎮壓，事後還剝奪科索沃阿爾巴尼亞族人的自治權，引起其他共和國的不安。1990 年南斯拉夫共和國先後舉行戰後首次自由選舉，結果，由共黨改名的社會黨僅在塞爾維亞和黑山共和國兩地獲勝，取得繼續執政地位，其餘則由新近崛起的民族黨派當政。自此有關南國未來發展模式，乃引發全面性的爭論。以克羅埃西亞和斯洛文尼亞為首的一方，主張南國改制成為鬆散的聯邦，建立一個「主權國家聯盟」；克、斯兩共和國同時宣稱，若各共和國未能達成此一目標，即準備退出聯邦，宣布獨立。以塞爾維亞共和國為首的另一方，則主張南國應建立一個現代化的聯邦。塞國總統米洛塞維奇曾一再表明，南國各共和國的邊界僅是行政區劃，不具有任何歷史性合理依據，因而不能視為真正的國界。

為此，這位野心勃勃的塞國領袖乃直截了當的揚言，所有塞爾維亞人應生活在同一個國家內。這明顯地意謂著，假若克羅埃西亞脫離聯邦，塞國將要求擴大其領土範圍。目前居住在克羅埃

圖 43：飄揚的阿爾巴尼亞國旗　1990 年一位南斯拉夫青年高舉阿爾巴尼亞國旗，透露南斯拉夫瀕臨內戰邊緣的氣氛。

西亞共和國境內有六十萬塞族人,約佔克國人口百分之十一點六,其集中居住地區約克國領土的百分之十。塞、克兩民族的矛盾激化之後,札格雷布當局與其境內塞爾維亞人之間的關係日益緊張,雙方頻頻發生流血事件，造成生命財產的傷亡和損失。1990年12月,克羅埃西亞共和國靠近塞爾維亞共和國邊界的克拉伊納地區塞族人自行宣布成立自治區。從此,塞族人一方面宣布獨立於克國並加入塞國的呼聲此起彼落,另一方面又得到貝爾格萊德當局有意無意的從旁聲援,導致克、塞兩族之間的關係惡化,遂成為南國爆發嚴重內戰的導火線。

二、外在因素

此外,歐洲國家袖手旁觀,在南國內部出現爭端之初未能及時從中調停,亦難辭其咎。很不幸的是,南斯拉夫這場內戰,正好發生在東歐非共化和東西德統一之際,西歐國家忙於支援蘇聯和東歐的重建,並且美國在西歐國家強調「歐洲事務讓歐洲人自己處理」的口號下,逐漸減少干預歐洲,反而將重心轉向太平洋周邊。蘇聯和東歐國家在民主化進程中,問題繁多,自身難保,無暇他顧;即使對南國深具影響的西德,則專注於德國統一的善後工作,無心介入,致使這一場戰火,終於釀成戰後歐洲史上最嚴重的災難。

1991年2月16日,貝爾格萊德電視評論引起反對黨的憤怒,以復興黨運動為首的十個反對黨號召3月9日的群眾示威。3月9日當天,反對黨襲擊米洛塞維奇,放火燒車、攻擊外交部,一

圖 44：塞、克二族的武裝衝突　1991 年 10 月，
塞爾維亞邊防軍在克羅埃西亞的伏科瓦爾攻防戰
中動用加農砲。

名警察和一名示威青年死亡。10 日下午，學生開始走上街頭，逼
迫政府妥協，內政部長波格丹諾維奇在 13 日下臺。

　　1991 年 3 月 31 日凌晨，克羅埃西亞軍隊和塞爾維亞族的警
察發生武裝衝突。在克國境內有近百分之十二的塞裔人口，其勢
力範圍一直擴大到首都附近，並成立「塞爾維亞克拉伊納共和
國」。自此克、塞兩族的衝突開始，兩國政府也相互指責對方。為
了避免情勢繼續惡化，六個共和國總統在 4 月 4 日舉行會談。4
月 11 日，才決定選擇「統一民族聯邦國家」或「主權國家聯
盟」，5 月底以前在各國舉行公投決定。

第二節 民族衝突和國際干預

一、波黑內戰的爆發及衝擊

二次世界大戰期間，納粹德國佔領南斯拉夫。由帕威里契所領導的烏斯塔夏傀儡政權為虎作倀。但是，狄托號召各種族加入的共產黨游擊隊開始以波黑為活動重心。其後南斯拉夫社會主義聯盟共和國包括波黑在內的六個共和國於 1943 年 11 月 29 日在波黑中部小城雅伊查 (Jajce) 宣布成立。二次大戰結束後波黑在南共的統治下，並無任何種族或宗教的衝突發生。雖然其政治上的自由比不上西歐國家，但是在文化上波黑卻享有遠比其他東歐國家更多的自由。唯自 1970 年代，波黑內部對於政治自由的要求日益強烈，使得狄托政府不得不一方面強力扼止多黨制的趨勢，另一方面則大幅放鬆中央和南共聯盟的控制，給予各共和國較大的權力。但是，南斯拉夫 1974 年憲法仍無法滿足各共和國日漸抬頭的民族主義意識。

1980 年代帶有民族主義色彩的各種政治勢力開始活躍起來。現任的波黑獨立後首任總統伊澤特貝托維奇 (Alija Izetbegovic) 即因草擬〈伊斯蘭宣言〉鼓吹在民主政治的架構下發展穆斯林組織運動，而身陷囹圄。1989～1991 年他所領導的民主行動黨 (SDA) 與塞裔或克裔皆能和平共事。

然而，與此同時，一心想團結波黑塞裔並且進一步與塞爾維

亞統一的塞裔組織在波黑西北部的班加・盧卡 (Banja Luka) 城及鄉村地區迅速發展。1990 年 6 月，在斯洛文尼亞和克羅埃西亞相繼宣布獨立之後，波黑塞族組成「塞爾維亞民主黨」(SDS)，由卡拉季奇出任黨主席，並開始從南斯拉夫人民軍取得武器。

波黑克裔亦成立「克羅埃西亞民主同盟」的波黑分部。起初在溫和派的克留奇 (Stjepan Kljuic) 領導下有意與穆斯林合作共同建立統一的波黑。但是 1992 年初，深受克羅埃西亞共和國當局支持的克羅埃西亞極端民族主義分子波班 (Mate Boban) 取代克留奇。

波黑戰爭前，南斯拉夫聯邦主席團和波黑政府成員均由三黨組成。穆斯林的「民主行動黨」並未主張獨立，而是尋求透過修憲的途徑，清楚界定各共和國間的權利義務關係以廢除共產黨一黨專制。然而，克、斯兩國先後宣告獨立，退出南斯拉夫聯盟，使得聯盟內塞爾維亞獨大的勢力缺乏制衡，波黑恐將仰賴塞爾維亞的鼻息。另一方面，若波黑獨立則大部分的波黑塞族深怕權益受損；穆斯林與克羅埃西亞族群則力求獨立及國際上的承認。

1991 年 10 月，波黑國會通過退出南斯拉夫聯邦的決議。由歐洲共同體國家所組成的貝丁特委員會 (Badinter Commission) 於1991 年底曾建議只要波黑人民公民投票贊成獨立，歐洲共同體應承認其為獨立國家的地位。1992 年 3 月 1 日，波黑如期舉行公民投票，在塞族的抵制下，近三分之二選民參與投票，其中百分之九十九贊成獨立。至此，波黑在大環境獨立氣氛下，不顧少數反對聲浪，毅然脫離南斯拉夫聯邦。

1992 年 3 月 18 日，前英國外相卡靈頓 (Lord Peter

Carrington) 及當時歐洲共同體輪值主席葡萄牙外長庫帝列羅 (Jose Cutiliero) 提出波黑應分為幾個種族自治地區以解決波黑危機的方案。該方案並未被各方接受，波黑獨立引發內部衝突勢所難免。最終波黑經由公民投票，宣布獨立。隨後，相繼獲得歐洲共同體和美國的承認。波黑塞族隨即宣布成立波黑塞爾維亞共和國 (Republika Srpska)，脫離波黑獨立，大規模內戰即蔓延至波黑全境。塞族民兵和南國聯邦軍隊迅速佔領波黑各地。

波黑內戰大致可分為三個階段。第一階段 （1992 年 3 月～1993 年 3 月）：穆、克聯盟各有後臺，實施對塞族的內戰。

第二階段 （1993 年 4 月～1994 年 4 月）：穆、克、塞三方展開以爭奪地盤為中心的大混戰，塞族和克族分別已佔有波黑六成和三成的土地。交戰中，先是塞、克二族聯合對付穆斯林族，後來穆、克兩族又聯手對塞族作戰，兩軍對壘包括極為殘酷的種族清洗行動。其間聯合國與歐體又從中斡旋和談，均未奏效。

第三階段 （1994 年 5 月～1995 年 11 月）：美國介入波黑內戰。波黑戰場的地面爭奪戰，由於大國的干預，美國參與和主導北約的十多次空中襲擊行動，使得局勢有利於穆克聯盟。英、法、德雖然對美國不

圖 45：位於波黑 Donji Vakuf 城的老鐘塔

滿，但最終也一致行動。

　　波黑內戰是二次世界大戰結束後在歐洲爆發的一場大規模衝突，影響深遠。對波黑國內而言，這場歷時四十四個月的內戰使得波黑遭受嚴重的損失。據波黑總理穆拉托維奇 (Hasan Muratovic) 指出：波黑人民平均年收入自 1990 年的一千九百美元下降到 1994 年的五百美元；1994 年波黑工業生產總值只有 1990 年的百分之五；百分之七十八的工業生產能力和百分之九十的電力生產和供應遭到嚴重破壞；三分之一以上的醫院及學校被毀；公路交通、電信系統全部毀壞殆盡，造成四百五十億美元的經濟損失。同時，戰爭的爆發不僅無法改善根深蒂固的族群矛盾，反倒激化衝突。

　　其次，波黑內戰可能波及巴爾幹其他國家，進而引發東南歐的動盪局勢。波黑境內的民族問題幾乎牽連到所有巴爾幹國家。大塞爾維亞主義的擴張態勢無疑是冷戰結束後歐洲穩定的隱憂。

　　再其次，波黑內戰加深了歐美矛盾。西歐與美國在調停波黑衝突中的明爭暗鬥實際上是雙方爭奪歐洲事務主導權，競相擴張在巴爾幹地區影響力的較量。例如，美國公開指責英法不支持美國的波黑政策，而英、法等國則駁斥美國取消對波黑武器禁運的主張。由此可見，美國與歐洲盟邦之間對波黑政策亦顯分歧。

二、克羅埃西亞內戰

　　1990 年 12 月，克羅埃西亞國會重新制憲，賦予克羅埃西亞脫離聯邦的權利，但仍尊重南斯拉夫聯邦體制，並未尋求獨立。

翌年4月，克國亞得里亞海沿岸克拉伊納地區的塞爾維亞人片面宣布加入塞爾維亞共和國，東斯拉沃尼亞 (Eastern Slavonia) 亦不斷傳出克、塞兩族之間血腥衝突事件，致使南斯拉夫聯邦與克國當局形成對峙，情勢一度緊繃。5月，克拉伊納自治區的塞族又搶先在克國公民投票決定獨立自主之前，舉行該地區的公民投票，贊成該地區獨立並與塞爾維亞合併。6月25日，斯洛文尼亞與克羅埃西亞兩共和國相繼宣布獨立。以塞族居多的南斯拉夫聯邦軍最初進駐斯洛文尼亞，發生局部衝突，但在歐體出面調停下，斯、克兩國同意暫緩獨立三個月，聯邦軍隊撤離斯國。在此期間爆發克羅埃西亞內戰，塞爾維亞民兵控制了克拉伊納，東斯拉沃尼亞及西斯拉沃尼亞亦發生激烈戰鬥。

　　1991年秋，聯合國特使范錫 (Cyrus Vance) 斡旋停火，克羅埃西亞內戰稍歇，境內三分之一的領土（包括克拉伊納和東、西斯拉沃尼亞）被塞族控制。1992年2月，聯合國安理會通過決議，決定派遣聯合國保護部隊 (UNPROFOR) 進駐克國塞族聚集區。范錫計畫為克拉伊納塞族所接受，因其領導人巴比奇 (Milan Babic) 受到塞爾維亞總統米洛塞維奇的壓力。與此同時，德國率先承認克羅埃西亞，隨後亦獲得歐洲共同體其他會員國和聯合國的承認。

　　正當克羅埃西亞為獨立建國歡欣鼓舞之際，聯合國一萬四千名保護部隊進駐克國的衝突地區，成立聯合國保護區 (UNPAS) 以確保這些地區非軍事化，但成效甚微。1993年1月，克國政府軍發動攻擊奪回重要據點，如連接克羅埃西亞北部與達爾馬奇亞的

馬斯列尼察橋 (Maslenica Bridge) 和貝魯查水壩 (Peruca Dam)。零星的戰鬥一直持續至翌年。

在札格雷布當局相繼收復兩個塞族控制區之後，剩下來就是東斯拉沃尼亞問題的解決。東斯拉沃尼亞地區位於克國東北部，東臨多瑙河，南畔薩瓦河，不僅地理位置十分重要，而且土地肥沃。1995 年 11 月，克國政府和東斯拉沃尼亞的塞族代表在埃爾杜特 (Erdut) 鎮簽署協議。雙方同意東斯拉沃尼亞地區歸屬克羅埃西亞，克羅埃西亞賦予該地區塞族充分的公民權益，以及兩年以內的過渡期交由聯合國管理。1996 年 1 月 15 日，聯合國安理會通過 1037 號對東斯拉沃尼亞決議批准該協議實施，並成立東斯地區的過渡管理政權 (UNTAES)，任命美國前將領克萊恩 (Jacques Paul Klein) 為過渡政權行政長官。聯合國過渡政權有別於以往聯合國在克國保護部隊的軟弱形象，必要時它被賦有動武的權力，平時維持五千人的部隊，北約可為其提供空中支援及後勤補給。東斯過渡政府的主要任務是讓塞族地區武裝部隊順利地在一年內全部撤軍完畢，俾使東斯地區在 1997 年得以舉行選舉。

三、斯洛文尼亞內戰

1989 年 9 月，斯共主導的議會重申其共和國的主權以及脫離南斯拉夫的權利。12 月，塞爾維亞宣布抵制斯洛文尼亞生產的貨物，因為斯洛文尼亞批評其科索沃政策。次年 2 月，斯洛文尼亞共產黨宣布脫離南斯拉夫共黨聯盟並改名為民主改革黨 (Party of Democratic Reform)。3 月，斯洛文尼亞國會決議刪除國名當中

「社會主義」的名稱，改名為「斯洛文尼亞共和國」，成為南斯拉夫第一個非共地區，並修法將多黨制合法化，終止共黨一黨專政。4月，舉行二次大戰後首次多黨制國會大選，結果由中間偏右的非共聯盟——斯洛文尼亞民主反對聯盟 (Democratic Opposition of Slovenia, DEMOS) 贏得百分之四十五的選票。新政府由基督教民主黨 (SKD) 黨魁彼得勒 (Lojze Perterle) 組閣，民主改革黨黨魁庫昌 (Milan Kucan) 則獲選為總統。1990 年 12 月，斯國舉行公民投票，百分之八十八點二的選民贊成斯洛文尼亞成為獨立自主的國家。

　　1991 年 6 月 25 日斯洛文尼亞正式宣布脫離南斯拉夫獨立。南斯拉夫聯邦武裝部隊隨即對斯國發動攻擊。歐體出面調停，雙方在布里歐尼 (Brioni) 島達成協議同意停火，南斯拉夫聯邦部隊

圖 46：佔據貝爾格萊德國會的抗議群眾　1991 年 7 月，塞爾維亞民眾抗議南聯出兵斯洛文尼亞，進而佔據貝爾格萊德國會，撤下南聯國旗。

撤出斯洛文尼亞，而盧布黎亞那當局亦承諾暫緩獨立三個月。兩造皆遵守協定。同年 10 月，斯國國會決議通過停止與南斯拉夫的所有官方關係。斯國以發行自己的貨幣托拉爾 (tolar)、召回在聯邦機關的斯洛文尼亞人等方式實現其獨立自主的地位。

四、馬其頓獨立過程

戰後馬其頓民族邁向進程，基本上可分三個階段：

(一)復國時期

1945 年 4 月，由狄托領導的南共首先建立了「馬其頓人民共和國」。1946 至 1947 年間，狄托和保加利亞共黨領導人季米特洛夫 (Georgi Dimitrov) 曾倡議建立巴爾幹聯邦，主張把馬其頓統一成為一個國家，加入擬議中的巴爾幹聯邦，後來因為史達林的反對而胎死腹中。

(二)聯邦時期

1945 年 11 月 29 日南斯拉夫聯邦人民共和國正式成立，1963 年更改國名為「南斯拉夫社會主義聯邦共和國」，馬其頓即是聯邦內六個共和國之一。1974 年頒行新憲法，使馬其頓在聯邦主席團、聯邦議會、聯邦政府，乃至南共主席團均佔有一定席位，參與決策，享有相當分量的發言權，以及某種程度的獨立自主。

(三)主權獨立時期

1991 年 9 月，馬其頓繼斯洛文尼亞和克羅埃西亞兩共和國之後表明獨立意願，隨即召回派駐聯邦主席團的代表。9 月，舉行公民投票，雖然阿爾巴尼亞族抵制該項投票，但絕大多數馬其頓

居民贊成脫離聯邦獨立。11 月 20 日，馬其頓正式宣布獨立，頒行新憲法，其中載明「馬其頓乃是馬其頓民族的祖國」，並誓言保護鄰國境內馬其頓人的文化、經濟及社會權利。上項聲明立即引起阿爾巴尼亞和希臘的抗議。1992 年 1 月，舉行公民投票，贊成賦予西境阿裔享有自治權利。1991 年 11 月，歐洲共同體針對前南斯拉夫共和國境內民主發展及人權狀況進行調查的「貝丁特委員會」指出，「各共和國中只有斯洛文尼亞和馬其頓符合歐體承認的標準，尤其後者各項表現最令人滿意。」總的看來，馬其頓的獨立過程遠比斯洛文尼亞、克羅埃西亞，乃至波黑等共和國要平和多了。

五、國際干預

對巴爾幹地區而言，波黑內戰觸動複雜的民族問題和領土糾紛。該地區以外的伊斯蘭國家堅決支持波黑獨立，透過各種管道援助波黑穆斯林，俾能實現在前南斯拉夫境內建立一個穆斯林國家的目標。俄羅斯與塞爾維亞傳統上有密切的關係，雖然國力已大不如前，但仍不願放棄對該地區固有的影響力。美國與歐洲國家則認為波黑內戰一旦引發巴爾幹危機，勢必嚴重威脅歐洲安全與穩定。

儘管國際社會因各國利益不同而立場歧異，但化干戈為玉帛的態度卻是一致的。1992 年 3 月波黑戰事甫生，塞、穆、克三族領導人即在歐體的調停下曾就未來國體問題進行談判。3 月底，三方在布魯塞爾開會時，就歐體調停人葡萄牙外長庫帝列羅提出

的一項和平方案達成原則性協議。《庫帝列羅方案計畫》規定，將波黑按民族分成三大區域，依瑞士模式組成新的邦聯式國家。該方案後來因穆族領導人伊澤特貝托維奇改變初衷而作廢。不久，西方各國先後宣布承認波黑獨立，談判進程因而延後。歷時四十四個月的波黑內戰，自此揭開序幕。

1992 年歐體調解波黑問題失敗後，在日內瓦成立了十五人的國際調解委員會，委員會由聯合國代表范錫和歐洲共同體代表歐文 (Lord David Owen) 出任主席。1993 年在范、歐的調停下，波黑三方於雅典舉行衝突以來的首次直接談判。其間范、歐兩人向三方領導人提出包括停火、制憲和版圖劃分等協議在內的和平計畫，此即《范錫－歐文計畫》。

《范錫－歐文計畫》的版圖方案將未來波黑劃分為十個半自治省。其中塞族控制三個省，佔波黑總面積百分之四十三；三個省劃歸穆族所有，佔百分之三十二；克族領管二省，佔百分之二十五；此外，穆、克共治一省，首都薩拉耶佛為非軍事區，由三方共管。

這項和平計畫被穆、克兩方接受，而塞族議會則明確表示拒絕版圖劃分方案。經過塞族公決後，不僅版圖方案，而且已經簽字的整個和平計畫也中途作罷。塞族拒絕《范錫－歐文計畫》，聯合國安理會再次通過決議加強對南斯拉夫的制裁。

1993 年中，國際間仍然鍥而不舍地調停波黑內戰。歐體代表歐文和聯合國代表史托登柏 (Thorvald Stoltenberg) 召集波黑交戰三方以及塞爾維亞和克羅埃西亞兩國總統，討論修改波黑版圖問

題。其間，塞、克兩國總統米洛塞維奇和涂吉曼 (Franjo Tudjman) 提出一項「三分波黑」的計畫，即按民族傳統居住區域劃分，組成一個鬆散的邦聯國家方案。

在此建議基礎上，歐文和史托登柏於 8 月 20 日提出一項折衷性和平計畫，由波黑衝突三方各自制憲，組成聯盟國家，是謂《歐文－史托登柏計畫》。依據該計畫的版圖劃分原則，波黑塞、穆、克三方分轄百分之五十二、三十和十八的領土。塞族領土由東、西兩大片組成，兩大片領土由北部通道連接；穆族領土主要集中在中部地區，加上在塞、克兩族境內幾塊飛地 (enclave)❶；克族領土分為南北兩部分，均與克羅埃西亞共和國毗鄰。此外，塞、克將分別允許穆族使用其直通北面薩瓦河支流的布爾奇科 (Brcko) 和南方亞得里亞海濱的普洛查 (Ploce) 港。但是此一方案仍因各方意見嚴重分歧而無法達成協議。

1994 年初，波黑和談進程出現轉機。穆克聯邦的成立使波黑衝突戰場由三方鼎立變成兩軍對壘；國際間也就波黑問題達成共識。7 月 5 日，由美、俄、歐洲聯盟和聯合國四方代表組成的國際聯絡小組根據歐洲聯盟提出的五十一比四十九領土劃分比例，推出了自波黑內戰爆發以來的第四個版圖劃分方案。

美、俄、英、法、德五國聯絡小組的版圖劃分比較「三分波黑」方案有幾項重大改變。其一、塞族讓出包括戈拉茲代 (Gorazde)、澤帕 (Zepa)、多博伊 (Doboj) 等戰略要地和穆、克兩

---

❶　即於主體國土不連結，被他國領域包圍中的領土。

族主要聚居區在內的二十個大小城市，連接塞族東西兩大片的通道大為縮窄；其二、東部穆斯林飛地擴大並聯成片，穆族在南部得到出海口，在西、北、東部得到三個出河口。對於這項方案，穆、克兩方表示全盤接受，而塞族則一口拒絕。

　　至此，歐盟與聯合國對波黑內戰束手無策，不僅無法有效消弭戰火，巴爾幹衝突甚至有蔓延的趨勢。歐盟調停失敗，究其原因，可歸結以下幾點：

　　(一)歐盟大國立場歧異，毫無共識：英國在傳統上與現實上傾向同情塞族，在處理波黑內戰上採取姑息的態度，希望波黑戰事不要擴大，交戰各方能在無外力干涉的情況下，自行排解紛爭。德國基於歷史的因素，傾向支持克、穆兩族。統一後的德國雖然有心在歐洲安全上扮演重要角色，但是軍事上卻只能對波黑內戰抱持低姿態。

　　相較於英、德的消極保守，法國對波黑內戰卻採取強勢作為，力主波黑衝突應由歐洲國家自行解決，極力排除美國介入。綜上所述，由於歐盟主要國家無法協調一致，以至於調停波黑內戰一事無成。

　　(二)歐盟大國之間互相猜忌：兩德統一後，德國在東歐的影響力日漸增強。尤其，南斯拉夫解體後，德國率先承認斯洛文尼亞和克羅埃西亞兩共和國，更令英、法疑慮德國是否意圖在亞得里亞海周邊扶植親德的勢力範圍，建立經濟上的「第四帝國」，進而利用德國在東歐的優勢以加強德國在歐盟的領導地位。

　　(三)維和行動無法發揮效能：主因有二：第一，聯合國「維

持和平」部隊雖有武裝軍備與人員的行動，但僅能使用於自衛行動。第二，立場傾向塞族的俄羅斯不願在美國主導的北約旗幟下執行聯合國委託干涉波黑戰爭的任務，致使維和成效不彰，而坐視心存僥倖的交戰各方恣意踐踏停火協定，烽火再起。

(四)美國不願積極介入：縱使巴爾幹半島的穩定關係影響到美國在整個歐洲的戰略利益，美國政府曾重申美國在波黑的最大利益是防止波黑戰火蔓延到整個巴爾幹半島。唯自布希以至柯林頓政府，美國為避免深陷波黑內戰的泥淖，重蹈越戰和索馬利亞的覆轍，而採取消極干涉的態度。因此，美國在向塞爾維亞施壓的同時，僅派遣一支為數五百人的軍隊進駐馬其頓。

而事實上，美國在波黑問題上畏縮不前，除了國內經濟亟需全力整頓的根本因素之外，不外乎下列原因。其一，美國國內輿論變化的影響。波黑戰爭爆發後美國新聞媒體大量報導波黑塞族殘暴野蠻的「種族清洗」行動，激起民眾對塞族的憤怒，而形成要求美國政府出兵波黑，維持正義的輿論壓力。然而，隨著波黑克族和穆族同樣也以「種族清洗」異族的報導增加之後，美國民眾的態度亦因之改變。

其二，美國不讓德國勢力過度膨脹。東歐民主化浪潮衝擊南斯拉夫，民族主義高漲，斯洛文尼亞與克羅埃西亞先後宣布獨立，德國率先承認兩國獨立，加速南斯拉夫解體，並希望美國出兵壓制德國的宿敵塞爾維亞。基於權力平衡的觀點，美國不願德國擴大在巴爾幹半島的影響力。

其三，美國支持葉爾欽政權的需要。1993年初，美國寄予厚

望的葉爾欽，在國內政治危機中處境艱難。俄羅斯國內反對派利用日益高漲的民族主義情緒，批評葉爾欽屈從美國的意志，未能維護俄羅斯東正教兄弟——塞爾維亞人的利益。因而，若美國積極以武力介入波黑內戰，必定提供俄羅斯反對派和民族主義者攻擊葉爾欽的口實，削弱葉爾欽的地位，甚至取而代之，重新與美國對抗，從而危及美國的全球利益。

眼見波黑衝突曠日持久，歐洲各國已無力斡旋，好戰者依然頑強。若依此情勢發展，柯林頓欲競選連任，波黑問題必然落入對手攻訐的話柄。加上國會亦同情波黑穆族受壓迫的遭遇。美國採取行動的壓力逐漸升高，一方面撮合穆、克兩族成立穆克聯邦，化三方混戰為兩軍對壘。另一方面，配合聯合國執行空中禁航令，以北約戰機對塞族陣地進行轟炸。

美國態度轉趨積極後不但在北約的空襲行動擔綱，以武力打擊塞族使其喪失戰場上的優勢，其間，美國特使霍爾布魯克 (Richard Holbrooke) 也穿梭於塞爾維亞、克羅埃西亞和波士尼亞之間，謀求和平共識。這種軟硬兼施的手段，促成交戰各方展開為期兩個月的停火，以談判美國提議的和平方案，使波國內戰終於綻露和平曙光。

1995 年 9 月，在美國居間極力斡旋之下，波黑衝突各方於日內瓦取得共識，承認波黑獨立的地位，並同意穆克聯邦與塞族領土分配比為五十一比四十九。11 月，波黑交戰各方代表再於美國俄亥俄州岱頓市 (Dayton) 的萊特－派特森空軍基地達成最後協議，同意終止長達三年八個月的血腥戰爭。同年 12 月中旬，在法

國巴黎簽署和約。

　　《岱頓協定》的要點如下：

　　㈠波黑維持其領土現狀不變，成為單一國家，採取「邦聯制」，由控制波黑領土百分之五十一的穆克聯邦和佔百分之四十九的塞族共和國的政治實體所組成。

　　㈡中央政府設一位總統，一個兩院制的立法機構，一個法庭和一間中央銀行。兩個實體分別有各自的總統和立法機構。

　　㈢中央政府的職責包括對外政策、外貿、海關、貨幣政策、

圖47：《岱頓協定》的簽署　　前排簽署者由左至右分別為南聯盟總統米洛塞維奇、克羅埃西亞總統涂吉曼以及波士尼亞總統伊澤特貝托維奇；後排站立的見證者由左至右為西班牙首相岡薩雷斯、美國總統柯林頓、法國總統席哈克、德國總理柯爾、英國首相梅傑、俄羅斯總理齊諾梅爾金。

移民、公共和國際通訊的管理、空中交通的管理等等。

㈣連接波黑東部和北部塞族控制區的布爾奇科在一年內由國際仲裁團決定其未來歸屬問題。

㈤除聯合國部隊以外，一切外國軍隊必須在三十天內撤出。聯合國在波士尼亞的維持和平部隊監督停火，控制領空和執行協議等多方面的工作將由一支北約指揮的維持和平部隊所取代。北約指揮的部隊稱為多國軍事執行部隊 (IFOR)，充分獲得授權以武力防止暴力，享有在整個波黑行動的自由。

㈥和平協議在巴黎簽署後六至九個月內，中央政府、聯邦和塞族共和國將舉行選舉。

㈦設立波黑人權委員會，調查波士尼亞各方違反人權的情況。

㈧被海牙聯合國國際法庭指控為戰犯者不得競選公職。

另外，在履行和平協議步驟部分，同年 12 月中旬，開始全面部署六萬名北約部隊，其中包括兩萬至兩萬五千名美軍。

第三節　南斯拉夫解體後的衝擊

南斯拉夫這場內戰，除了嚴重打亂整個聯邦憲法秩序外，對百姓的日常生活與政經發展也帶來莫大的衝擊。其中，最直接的影響，可歸納為下列幾方面：

第一，加深各民族之間的仇恨。尤其塞、克兩大民族積仇甚深，任何衝突誘因都會一發不可收拾。斯洛文尼亞共和國與克羅埃西亞共和國同時宣布獨立，但聯邦人民軍寧可自斯國撤軍，而

集中火力對付克羅埃西亞。更有甚者，以塞族人為主的聯邦軍隊毫不考慮戰略目標，不分青紅皂白屠殺平民，砲轟民房、教堂和醫院，幾乎把某些村莊和小市鎮粉為平地。其中進行種族滅絕的行徑，慘不忍睹，即使被聯合國教科文組織列為保護的中古世紀名勝古都杜布羅夫尼克，也難逃厄運，慘遭砲火襲擊。無疑地，像這樣喪失人性的相互殘殺，非但無法化干戈為玉帛，反而加深彼此間的仇恨。

第二，阻礙民主化進程。斯、克兩共和國的民主化腳步是走在其他共和國之前，其民主進程急起直追，幾乎迎頭趕上鄰近的匈牙利和捷克與斯洛伐克。可惜，南國民族衝突的升級，非但迫使斯、克這二個共和國因忙於應戰而不得不將民主化工程暫擺一邊，同時也把其他共和國拖下水。本來塞爾維亞共和國的民主力量成長快速，敢於向由共黨改名的社會黨挑戰，已具制衡作用，促使塞國的民主發展。可是，內戰爆發，塞族人的民族主義情緒高漲，反而緩和了朝野之間的對立，採一致口徑對抗克羅埃西亞，徒增米洛塞維奇攬權的機會。因此，塞國的民主化進程，也自然耽擱下來。其他如塞國盟友黑山共和國，亦以南斯拉夫正處於戰爭狀態，執政的社會主義民主黨更有理由掌控權力，忽視民主改革。波士尼亞－黑塞哥維那則因有三分之一的塞族人，成為該共和國民主進程的阻力。再者，聯邦政府因陷入內戰困局，國防部的角色竄升，軍人干政，左右政策之推行，也破壞了民主程序之運作。

第三，造成人民生命和財物的嚴重傷亡與損失。南斯拉夫這

一場內戰至目前為止,根據資料顯示,至少有二萬人以上傷亡。
在人民財物方面,其損失情形亦為慘重,數十座村莊遭毀,邊界
重要城市伏科瓦爾 (Vukovar) 和歐西耶克 (Osijek) 受破壞程度亦
極嚴重。截至 1991 年底已有超過五十萬難民,逃亡到附近國家。
就經濟發展而言,其受創的程度更為驚人。

　　根據統計,克羅埃西亞共和國的經貿活動約有百分之四十被
迫停頓;僅三個月持續不停的戰火,至少花掉一百五十億美元,
相當克國一年的國民生產總值。塞國投下的費用更多,幾乎是克
國的一倍以上,南斯拉夫的觀光事業甚為發達,每年吸引上千萬
人次遊客,但因內戰波及,1991 年的觀光客減少了百分之九十,
無形中也少賺一筆為數可觀的外匯。

　　第四,連累到鄰近國家。南斯拉夫位於歐亞陸路交通必經之
道,希臘、土耳其、阿爾巴尼亞、保加利亞和羅馬尼亞等國輸往
西歐貨品,頗多依賴貫穿南國的運輸幹線。自南斯拉夫戰火燃起
之後,這些國家對西歐貿易急劇下降,約減少了百分之十至二十
不等,受害可謂不輕。再者,大量難民逃至鄰近國家,也帶給收
容國家不少困擾。例如匈牙利在邁向市場經濟過程,本身背負外
債超過二百億美元,負擔已夠沉重,卻還要收留五萬南斯拉夫(大
部分是克羅埃西亞族)難民,同時南國軍機屢次侵犯領空,頗令
布達佩斯當局感到惱火。尤其令希臘、保加利亞和阿爾巴尼亞等
三國感到不安者,也間接挑起民族問題。希、保二國住有少數馬
其頓人,阿爾巴尼亞當局對南國境內的同胞亦深表關切,這多少
會升高馬其頓人和阿爾巴尼亞人的民族主義,而困擾彼此間的睦

鄰關係。保加利亞總統日列夫 (Shelje Shelew) 上臺之後，即倡議建立巴爾幹經濟合作區，加強彼此間的合作，消除敵意。此一構想深得希臘贊同，唯土耳其反應冷淡，南斯拉夫則忙於戰事根本無暇他顧。

除了上述四點衝擊外，南國內戰帶給聯合國和歐洲共同體二項棘手的難題：

其一，停火協議儘管努力斡旋，均成泡影，不為衝突雙方遵守；派遣和平部隊問題，也就無從實現。

其二，南斯拉夫聯邦解體問題，要不要承認斯、克這二個共和國，聯合國與歐洲共同體之間意見分歧，即使歐洲共同體成員，也沒有一致共識。聯合國祕書長基本上是反對南斯拉夫分裂，希望維持聯邦體系。正因為聯合國抱持這種態度，南國內戰屬內政問題，聯合國根據《憲章》不便干預。而美國原則上亦持相同立場，反對承認斯、克兩個共和國。不過，歐洲共同體成員對承認斯、克二國的問題，一直猶豫不決。

另一方面，比較熱衷承認斯、克這二個新興獨立國家者為德國、丹麥、義大利和盧森堡，其他成員國表現甚為謹慎。歐洲共同體總算於 1991 年 12 月 17 日，在德國外長強烈的要求下，達成協議，明訂次年 1 月 15 日為承認斯、克二國的時間表，其先決條件是，尊重人權和現有邊界，承認以談判解決問題和促進和平，並接受國際義務等。但德國搶先在 1991 年 12 月 23 日正式發表聲明，認為斯、克兩共和國符合上述條件，予以承認。德國政府此一舉動，對歐洲共同體多年來試圖建立的共同外交政策，無異

是背道而馳,引起非議。

除此之外,由米洛塞維奇領導的塞爾維亞共和國,結合黑山共和國和克羅埃西亞共和國境內由塞族人控制的地區克拉伊納,以及波士尼亞—黑塞哥維那共和國塞族人居住區等,重新建立一個以塞族人為主的新南斯拉夫聯邦。貝爾格萊德當局這種做法無疑地將更使南國的分裂問題複雜化。

最後原「南斯拉夫社會主義聯邦共和國」正式分裂為南斯拉夫聯盟共和國、波士尼亞—黑塞哥維那共和國、克羅埃西亞共和國、斯洛文尼亞共和國、馬其頓共和國等五個獨立國家。而 1992年則由塞爾維亞與黑山兩共和國,重新組成南斯拉夫聯邦。

後共產主義時期前南斯拉夫各共和國發展情勢

第一節　克羅埃西亞共和國

　　克羅埃西亞為前南斯拉夫第二大共和國，面積五萬六千平方公里。東邊與塞爾維亞、波黑接壤，北方緊鄰匈牙利與斯洛文尼亞，西南部瀕臨亞得里亞海。國土呈鐮刀狀，邊界極長，易攻難守。地形分三部分：西南部與南部為亞得里亞海岸，島嶼星布，海岸線曲折，長達一千七百公里；中南部為高原和山地，東北部為平原。

　　人口四百八十萬，其中主要有克羅埃西亞族三百七十萬人，佔百分之七十八點一；塞爾維亞族五十七萬人，佔百分之十二點二，其他尚有穆斯林族、匈牙利族、義大利族及阿爾巴尼亞族等。主要宗教為天主教和東正教。

一、克羅埃西亞獨立運動背景

　　二次大戰後，南斯拉夫聯邦人民共和國在狄托的領導下成立，克羅埃西亞成為其中一員。狄托政權在 1948 年與史達林決裂以及 1953 年實行農業「非集體化」政策都受到克羅埃西亞共黨的大力擁護。

　　1971 年克羅埃西亞共黨高層在南斯拉夫聯邦架構下，要求享有更大程度的自治，但遭狄托拒絕並且整肅克羅埃西亞的領導分子。狄托無非是深恐極端民族主義分子取代溫和派，進而排除共產主義。克羅埃西亞的不滿雖遭到壓抑，但並未因而平息。1989 年東歐非共化浪潮使克羅埃西亞民族主義分子乘勢崛起，如雨後春筍般成立的政黨多少都帶有民族主義色彩。1990 年 2 月中旬，克羅埃西亞共黨繼斯洛文尼亞共黨宣布脫離南共後，決定更改黨名和黨綱。克共雖更名為「民主改革黨」，仍不免在 4 月底的大選中接受下臺的命運。曾因倡導克羅埃西亞民族主義而入獄九年的涂吉曼將軍領導「克羅埃西亞民主同盟」(HDZ) 贏得約三分之二的多數席位，結束共黨四十五年來的專政地位。涂吉曼由國會 (Sabor) 推選為克羅埃西亞共和國總統。

二、克羅埃西亞與波黑內戰

　　1992～1993 年波黑戰爭正值塞族大舉侵略，奪佔波黑七成土地，嚴重威脅到穆、克兩族。1994 年 3 月簽署《華盛頓協定》(*Washington Agreement*) 之前，克國政府的波黑政策一直曖昧不

清。克國曖昧的政策反映出其內部與波黑克族各存有派系互相角力。波黑克族之中，由克留奇所領導的溫和派，主張與波黑政府合作以建構一個多種族的國家。來自西黑塞哥維那的克族擁護波班力求獨立，成立所謂「赫爾采格－波斯那共和國」，期與波黑塞族共和國分庭抗禮。

克國政府在 1992 年至 1993 年間支持波班。1993 年 4 月波黑政府軍、穆斯林民兵與效忠赫爾采格－波斯那共和國的波黑克族武裝部隊發生激烈戰鬥，雙方皆互控彼此殘害無辜平民百姓。穆族在塞、克兩族相繼叛亂，出兵壓迫的情況下，處境危急。克羅埃西亞受到國際社會同聲譴責和施以經濟制裁的壓力。克國總統涂吉曼雖然立即與赫爾采格－波斯那共和國保持距離，但全面性停火協定仍付之闕如，波黑穆、克雙方持續發生衝突。

1994 年 1 月，克羅埃西亞與塞爾維亞改善雙方關係，兩國有意將兵力投入波黑戰場，不禁令人重起克國欲犧牲波黑穆斯林，而與塞國聯手瓜分波黑的疑慮。

克羅埃西亞長期以來模糊的波黑政策到了 1994 年 3 月始告一段落。波黑克族強硬派領導人波班被克國政府所支持的祖巴克 (Kresimir Zubak) 所取代，同時，祖巴克亦與波黑外長西拉吉奇 (Haris Silajdzic) 在華府達成協議，同意與穆族共組聯邦，建立關稅、貨幣、外交等方面的合作關係。《華盛頓協定》對克羅埃西亞國際地位的提升助益極大。除了可免於經濟制裁的壓力，克國政府與一些國際機構，如世界銀行 (World Bank) 和國際貨幣基金會 (IMF) 之間的政治僵局也得以解套，此外，外資因為上述關係的

改善亦會增加投資的意願。

三、歐洲化的課題——民主化

　　自二次大戰後克羅埃西亞在南斯拉夫唯一合法的政黨是克羅埃西亞共產黨，1952 年重組為南斯拉夫共黨聯盟 (Savez Komunista Jugoslavija, SKJ) 的一員。1989 年非共團體紛紛興起，1990 年南共聯盟允許多黨制，促使本身加速瓦解。克國政黨林立，舉其要者，介紹如下：

　　㈠克羅埃西亞民主同盟 (Hrvatska Demokratska Zajednica, HDZ)：於 1989 年建黨，以實行議會民主政治和自由市場經濟的主張為黨綱。1990 年國會大選以克羅埃西亞民族主義為號召，一躍成為第一大黨。1991 年，該黨領導克羅埃西亞邁向獨立，1992 年再度贏得選舉，其總統候選人涂吉曼更得到百分之五十六點七的支持。1994 年該黨極右派謝克斯 (Vladimir Seks) 因意識型態不合辭去副總統職務，但隨即又當選該黨國會黨團主席。1995 年眾議院和 1997 年自治區院、總統選舉仍然拔得頭籌，保持不墜。

　　㈡克羅埃西亞農民黨 (Hrvatska Seljacka Stranka, HSS)：創立於 1904 年，為克國歷史最悠久的政黨。該黨於 1989 年以反戰、重視地方和經濟私有化等主張為訴求。1993 年自治區院選舉，贏得五席，並接受執政黨入閣之請。1995 年眾議院選舉更上層樓，取得十席。

　　㈢克羅埃西亞社會自由黨 (Hrvatska Socialno-Liberalna Stranka, HSLS)：屬於歐洲傳統的自由派政黨，1990 年大選時，

表 1：1992 年克羅埃西亞總統大選結果

政　黨	候選人	得票率 (%)
克羅埃西亞民主同盟	涂吉曼	56.7
克羅埃西亞社會自由黨	布迪沙	21.9
克羅埃西亞人民黨	庫嘉爾	6.0
克羅埃西亞右翼黨	帕拉格	5.4
其　他		10.0
合　計		100.0

資料來源：EIU, *Country Profile: Croatia* (*1994～1995*), p. 25.

表 2：克羅埃西亞 1997 年總統選舉結果

政　黨	候選人	得票率 (%)
克羅埃西亞民主同盟	涂吉曼	61.4
克羅埃西亞社會民主黨暨民主改革黨	托馬奇 (Zdravko Tomac)	21.0
克羅埃西亞社會自由黨	哥德瓦奇 (Vlado Gotovac)	17.6

資料來源：RFE/RL

表現平平。1992 年選舉，取得十四個眾議院席位，一躍成為第二大黨，其總統候選人布迪沙 (Drazen Budisa) 亦贏得百分之二十一點九的選票。1993 年自治區院選舉繼續保有第二大黨地位的十六個席位。不過，自 1995 年眾議院選舉以至 1997 年選舉益顯欲振乏力。

㈣克羅埃西亞社會民主黨暨民主改革黨 (Socialdemokratska Partija Hrvatska-Stranka Demokratskih Promjena, SPH-SDP)：於 1937 年以克羅埃西亞共產黨為名創立。該黨在 1990 年大選時表現僅次於克羅埃西亞民主同盟，三百四十九席中取得七十五席。

當時已改名為民主改革黨，1991 年為鄭重表示與共黨無關而改為現名，但翌年選舉依然弱勢，在一百三十八席中僅得到十一席。

㈤克羅埃西亞人民黨 (Hrvatska Narodna Stranka, HNS)：1991 年創黨，係一反傳統政黨，黨綱主張政治多元化及自由市場經濟。該黨在 1992 年選舉時贏得六席，其女性總統候選人庫嘉爾 (Savka Dabcevic-Kucar) 得到百分之六的選票支持。

對克羅埃西亞民主同盟而言，1995 年 10 月底舉行國會大選的時機再適合不過。克國收復大部分的失土，取得重大勝利，並與波黑聯盟。同時反對黨議員有二十四人辭職，其中部分加入克羅埃西亞民主同盟。克羅埃西亞 1990 年憲法將國會分為上議院即自治區院 (Zupanski Dom) 與下議院即眾議院 (Zastupnicki Dom)，任期皆為四年。自治區院議員六十三名由二十一個自治區各選出三名議員，另外五名議員由總統任命，共計六十八席。眾議院由一百至一百六十名議員組成。1995 年眾議院議員改為一百二十七名，其中包括八十名由政黨比例代表制產生，門檻限制為百分之五以上（兩個政黨聯盟其限制為百分之八，三個政黨以上則為百分之十一）；二十八名以單一選區多數制方式產生，另有三名塞族與四名其他少數民族的保障名額以及十二名克族境外代表。

整體而言，克羅埃西亞民主同盟雖然贏得國會選舉，仍未取得三分之二以上的多數，以便修憲加強總統的權力。尤其明顯的是，該黨在克國首善之區——札格雷布市的五個選區中，僅贏得二區，同時，在市議會的選舉也不盡理想，五十席當中只獲得十六席。就此看來，雖然未能斷言克羅埃西亞政治已邁入政黨競爭

激烈的階段，但是隨著內戰的結束，以極右派民族主義為政治訴求的政黨，逐漸不符時勢潮流。未來唯有加速經濟建設，改善人民生活，重建殘破家園，彌合內戰傷痕才是首要工作。

表3：克羅埃西亞國會眾議院選舉結果（1992～2000年）

政　黨	1992年		1995年		2000年	
	席次	得票率(%)	席次	得票率(%)	席次	得票率(%)
克羅埃西亞民主同盟 (HDZ)	85	43.7	75	45.2	40	30.5
克羅埃西亞社會自由黨 (HSLS)	14	17.3	12	11.6	24	47
克羅埃西亞社會民主黨 (SDP)	11	5.4	10	8.9	44	
原葛羅尼亞聯盟 (PGS)	－	－	－	－	2	
斯拉沃尼亞一巴朗尼亞克羅埃西亞黨 (SBHS)	－	－	1	－	1	
克羅埃西亞農民黨 (HSS)	3	4.2	10	18.3	16	15.9
伊斯塔民主大會 (IDS)	6	3.1	4		4	
自由黨 (LS)	－	－	－		2	
克羅埃西亞人民黨 (HNS)	6	6.6	2		2	
克羅埃西亞社會行動黨 (ASH)	－	－	1	－	1	

克羅埃西亞基督教民主同盟 (HKDU)	–	–	1	–	1	3.3
克羅埃西亞右翼黨 (HSP)	5	6.9	4	5.0	5	–
塞爾維亞國民黨 (SNS)	3	1.1	2	11	1	–
克羅埃西亞匈裔民主共同體 (DZMH)	–	–	–	–	1	–
克羅埃西亞獨立民主黨 (HND)	–	–	1	–	0	–
克羅埃西亞社會行動黨 (ASH)	–	–	1	–	0	–
其他與獨立候選人	5	11.7	4	–	8	3.3
合　計	138	100	128	100	152	100

資料來源：EIU, *Country Report: Croatia* (4th Quarter, 1995), p. 14; EIU, *Country Profile: Croatia (1994～1995)*, p. 25; CNN, "Croatia Parliamentary election," Der Fischer Weltalmanach, 2001 (Franufurt a.m.: Fischer Taschenbuch Verlag, 2000), pp. 477～478.

表 4：克羅埃西亞 1993、1997 年自治區院選舉結果

	1993 年	1997 年
政　黨	席次	席次
克羅埃西亞民主同盟	37	41
克羅埃西亞農民黨	5	9
克羅埃西亞社會自由黨	16	7
伊斯塔民主大會	3	2
克羅埃西亞人民黨	1	–

克羅埃西亞基督教民主同盟	－	－
斯拉沃尼亞－巴朗尼亞克羅埃西亞黨	－	－
克羅埃西亞社會民主黨	1	4
克羅埃西亞右翼黨	－	－
克羅埃西亞獨立民主黨	－	－
克羅埃西亞社會行動黨	－	－
塞爾維亞國民黨	－	－
獨立候選人	－	－
總　　計	63	63

資料來源：Croatian Government Info on Internet & Electoral Studies/HDZ
轉引自 URL: http://www.geocities.com/election/croatia.htm, p. 2.

四、克國之經濟發展

　　在經濟發展上，克羅埃西亞在前南斯拉夫各共和國中原屬經濟較發達的國家。南斯拉夫危機爆發後，克國經濟損失慘重。嚴重的戰爭破壞、龐大的軍費支出和大批難民的安置使得克國經濟負擔沉重，邁向自由市場經濟的步伐更為緩慢。1993～1994 年之間，克國政府在戰亂中實行穩定經濟的措施，避免經濟持續惡化。

　　然而，總體看來，克國政經發展面臨不少隱憂。第一，種族融和是關鍵。東斯洛文尼亞雖然在國際監督下已於 1997 年 4 月參與克羅埃西亞國會選舉，7 月順利併入克羅埃西亞。但是，聯合國安理會曾明確指出 1995 年克國收復克拉伊納後，當地塞族受到迫害流落異地，日後當局又有阻撓塞族難民返鄉等違反人權的舉措。更有甚者，為防止東斯洛文尼亞出現「第二個科索沃」，克國當局決定將該地區一分為二，分別劃入伏科瓦爾省與歐西耶克

省，使得塞族在當地淪為少數民族以便管理。

　　從種種跡象看來，克國政府對其塞族人民仍存有芥蒂，塞族亦不信任札格雷布當局的政策。未來，克國欲與北約以及歐盟建立進一步的合作關係，除了內部政治穩定和經濟成長外，人權狀況亦是重要的考量。

　　第二，《岱頓協定》並無提供解決前南斯拉夫衝突的適當辦法，尤其是克國政府與穆克聯邦之間的關係。克羅埃西亞與穆克聯邦維持良好關係十分重要，不僅大量的波黑難民得以返鄉，佔波黑人口一半以上的穆克聯邦也可以有效地擴展克國市場而有助其經濟重建。然而，《岱頓協定》後，波黑穆、克兩族雙方關係並未完全緩和。1996 年 2 月的莫斯塔爾事件危及戰禍甫平的波黑政治穩定與經濟復甦。在《岱頓協定》設立的克羅埃西亞暨波士尼亞聯委會第一次會議上，雙方意見相當分歧。波黑克族若是一意孤行，克國恐將失去歐盟與美國的支持，其經濟重建更加困難。

　　第三，強人政治時代終告結束。向來以鐵腕治國的克國總統涂吉曼於 1999 年 12 月病故。隨後，2000 年 12 月克國修改憲法，將準總統制改為議會內閣制，並於 2001 年 3 月改兩院制為一院制。從此克國的政局告別強人政治，民主步伐更趨穩定，獲得歐洲社會的肯定。2011 年 6 月歐盟理事會原則上同意，在 2013 年接納克羅埃西亞為正式成員，成為南斯拉夫分裂之後，繼斯洛文尼亞第二個加入歐盟的共和國。

　　第四，雖然 1993～1994 年間，克國政府維持了低通貨膨脹率和穩定的匯率，但是這些成果須靠緊縮貨幣政策配合。如此一來，

民間拆放款利率勢必提高，1996 年時利率曾高達百分之三十五，
居高不下的利率對克國經濟發展無疑是一大阻礙。此外，生活水
準依舊低落，實質工資在 1995 年上半年雖見大幅躍升，唯失業率
仍達百分之二十。

　　準此以觀，克國政治經濟發展形勢可謂審慎樂觀。蓋因內戰
已告落幕，國內政治情勢仍有待觀察，經濟發展則端賴政治安定
和適當的政策提供發展的環境與復甦的動力。克國財經內閣上任
後貫徹私有化和維持低通貨膨脹率的政策，實屬積極穩健。唯政
治穩定才是經濟榮景的活水源頭。克國各方能否化異求同，貫徹
民主不啻政治安定與經濟重建的關鍵，亦是融入國際社會、體現
西歐化政策的基石。

第二節　斯洛文尼亞共和國

一、斯洛文尼亞的歷史背景

　　斯洛文尼亞共和國 (Republika Slovenija) 為前南斯拉夫最繁
榮富庶的共和國。面積兩萬平方公里，位於巴爾幹半島西北端，
西連義大利，北鄰奧地利與匈牙利，東部和南部與克羅埃西亞接
壤，西南方僅有四十六公里瀕臨亞得里亞海。人口近兩百萬人，
主要為斯洛文尼亞族，佔百分之九十，其餘有克羅埃西亞族、塞
爾維亞族和穆斯林族等少數民族。天主教為最主要的宗教信仰。
　　1991 年 6 月 25 日斯洛文尼亞率先宣告獨立，並停止實施《南

斯拉夫憲法》和一切聯邦法律。翌日，斯國立刻接管邊界的控制權，除去所有標示南斯拉夫社會主義聯邦共和國的邊界哨站，以本國標誌取而代之。雙方戰火一觸即發，這場標榜獨立戰爭的戰鬥，在 1991 年 7 月 3 日協議停火。隨後在歐洲共同體承認其為獨立國家之後，斯洛文尼亞開始制定屬於斯國的憲政、法律，甚至發行自己的通用貨幣——索拉 (solar)，首先組閣的是彼得勒政府。

二、民主化發展：競爭與穩定

彼得勒政府係以些微多數組閣，再加上本身又是政黨聯盟，因而許多政策的推動都窒礙難行。斯國邁向獨立過程所凝聚的團結意識在獨立後即煙消雲散。斯洛文尼亞民主反對聯盟於 1991 年 12 月分裂，翌年 2 月即告解散，非共政府處境岌岌可危。5 月，彼得勒辭職下臺，由斯洛文尼亞自由民主黨 (LDS) 黨魁德諾夫塞克 (Janez Drnovsek) 繼任總理一職。

1993 年，斯國國內政治環境穩定；經濟上，在彼得勒政府奠定的良好基礎之上，新政府得以使經貿持續成長並著手私有化政策。然而，1994 年內有政治紛擾再起，外與鄰國義大利、克羅埃西亞失和，德諾夫塞克政府的穩定受到考驗。

1994 年選舉後，斯國政府改組。斯洛文尼亞自由民主聯盟聯合基民黨和社會民主主義者聯合陣線合組政府。1996 年 1 月，德諾夫塞克突然解除經濟部長泰尼卡 (Maks Tajnikar) 的職務，因其不當補助體質不佳但政商關係良好的企業。此舉導致泰尼卡所屬的社會民主主義者聯合陣線退出聯合政府。

　　另一個影響社會民主主義者聯合陣線退出內閣的原因是對政府的社會福利政策不滿。由於政府提案刪減退休金並獲得議會的背書，而且自由民主聯盟與基民黨皆認為現行的退休金制度太過龐大，此項提案預計將有四十五萬名受惠者，相對於只有七十五萬勞動人口而言形成財政負擔。然而，這種傳承前斯洛文尼亞共產黨，一向支持退休人員的權益以及其他優厚的社會福利得以繼續施行。社民聯合陣線出走以後，基民黨在內閣的地位更形重要。

　　1989 年斯洛文尼亞非共政黨紛紛興立，斯洛文尼亞共黨亦改頭換面，致使該黨在 1992 年選戰表現乏善可陳。新興政黨林立，舉其要者，分述如後：

　　㈠斯洛文尼亞自由民主聯盟 (Liberalna Demokratca Slovenije, LDS)：其前身是斯洛文尼亞社會主義青年聯盟 (Zveza Socialisticna Mladina Slovenije, ZSMS)，最初改名斯洛文尼亞社會主義青年聯盟－自由黨 (ZSMS-Liberalna Stranka)，1990 年 11 月，再更改名稱為自由民主黨 (Liberalna Demokratca Stranka, LDS)。斯洛文尼亞社會主義青年聯盟與其他共青團組織不同之處在於該聯盟是自 1980 年代以來一直支持個人權利和自由的一個實質獨立組織。1990 年選舉結果居次，1992 年選舉即躍佔鰲頭，其黨魁德諾夫塞克出任總理。1994 年 3 月，與斯洛文尼亞民主黨 (DSS)、斯洛文尼亞綠黨和斯洛文尼亞社會黨 (SSS) 合作組成斯洛文尼亞自由民主聯盟。

　　㈡斯洛文尼亞基督教民主黨 (Slovenski Krscanski Demokrati, SKD)：係 1989 年 3 月一群非神職人員的天主教知識分子組織創

立，為斯洛文尼亞民主反對聯盟的中堅團體。主張維護人權，倡
導社會平等和國家團結。1990 年國會大選贏得十一席，1992 年選
舉成為國會第二大黨，1994 年維持不墜，1996 年則被社民黨和人
民黨超前。

　　㈢社會民主主義者聯合陣線 (Zdruzena Lista Socialnih
Demokratov, ZLSD)：係由斯共轉變而來的民主改革黨，為因應
1992 年選舉而結合其中一些左翼政黨如斯洛文尼亞退休人員民
主黨 (Demokratska Stranka Upokojencev Slovenije, DeSUS)、斯洛
文尼亞工人黨 (Delavska Stranka Slovenije, DSS)。1992 年與 1994
年選舉保持第三大黨的地位，但 1996 年落居第五。

　　㈣斯洛文尼亞社會民主黨 (Social Demokraticna Stranka
Slovenije, SDSS)：宣稱係一個具有歐洲民主和社會主義傳統的社
會民主黨。雖然其總統候選人在 1992 年總統大選僅得百分之零點
六的選票，但國會選舉仍有百分之三點三的得票率，獲得四個席
位，並加入斯洛文尼亞自由民主黨領導的聯合政府。1994 年 3
月，其黨魁楊沙被撤換國防部長一職後，該黨即退出聯合政府。

　　㈤斯洛文尼亞人民黨 (Slovenska Ljudska Stranka, SLS)：
1988 年創立時以非政治性團體 「斯洛文尼亞農民聯盟」
(Slovenska Kmecka Zveza, SKZ) 的名稱組成，1990 年 1 月開始登
記成為政黨。1990 年贏得十一席並加入斯洛文尼亞民主反對聯
盟，1991 年改名至今。1992 年及 1994 年選舉皆取得十個國會席
位。1996 年大幅增加至十九席，成為國會第二大黨。

表 5：斯洛文尼亞 1992 年總統大選結果

政　黨	候選人	得票率 (%)
無黨籍	庫昌	63.93
斯洛文尼亞基督教民主黨	畢札克 (Ivan Bizjak)	21.14
斯洛文尼亞自由民主黨	卡欽 (Jelko Kacin)	7.29
無黨籍	布薩 (Stanislav Busar)	1.93
無黨籍	勞蒂亞—貝勃勒 (Darja Lautiar-Bebler)	1.82
無黨籍	莎嘉—史坦那 (Alenka Zagar-Stana)	1.74
無黨籍	希爾奇 (Ljubo Sirc)	1.51
無黨籍	湯西奇 (France Tomsic)	0.63
總　計		100.00

資料來源：*Europe World Year Book*, 1996, p. 2852.

表 6：1992 年斯洛文尼亞國民院選舉結果

政　黨	得票率 (%)	席　次
斯洛文尼亞自由民主黨	23.7	21
斯洛文尼亞基督教民主黨	14.5	13
社會民主主義者聯合陣線	13.6	12
斯洛文尼亞社會民主黨	3.3	3
斯洛文尼亞民族黨 (SNS)	9.9	9
斯洛文尼亞人民黨	8.8	8
斯洛文尼亞民主黨	5.0	4
斯洛文尼亞綠黨 (ZS)	3.7	3
其　他	17.5	15
總　計	100.0	88

資料來源：*The Europe Year Book*, 1993, p. 2544.

表 7：斯洛文尼亞 1996 年國民院選舉結果

政　黨	得票率 (%)	席　次
斯洛文尼亞自由民主聯盟	27.01	25
斯洛文尼亞人民黨	19.38	19
斯洛文尼亞社會民主黨	16.13	16
斯洛文尼亞基督教民主黨	9.62	10
社會民主主義者聯合陣線	9.03	9
斯洛文尼亞退休人員民主黨 (DeSUS)	4.32	5
斯洛文尼亞民族黨	3.22	4
斯洛文尼亞民主黨	2.68	－
斯洛文尼亞綠黨	1.76	－
斯洛文尼亞技術人員暨企業家黨 (SOPS)	1.15	－
其　他	5.70	－
總　計	100.00	88

資料來源：*The Europe World Year Book*, 1997, p. 2937.

表 8：斯洛文尼亞 2000 年國民院選舉結果

政　黨	得票率 (%)	席　次
斯洛文尼亞自由民主聯盟	36.26	34
斯洛文尼亞社會民主黨	15.81	14
社會民主主義者聯合陣線 (ZLSD)	12.08	11
斯洛文尼亞基督教民主黨 (SKD) 與斯洛文尼亞人民黨 (SLS)	9.54	9
新斯洛文尼亞黨 (NS)	8.66	8
斯洛文尼亞退休人員民主黨 (DeSUS)	5.17	4
斯洛文尼亞民族黨 (SNS)	4.39	4
斯洛文尼亞拉迪黨 (SMS)	4.34	4
其　他	3.75	2
總　計	100.00	90

資料來源：http://www.sigov.si/eng/enindex.htm

斯洛文尼亞 1991 年憲法實行之前，國會 (Zbor) 係經由直選產生的社會政治院 (Socio-Political Chamber)、勞工聯合院 (Chamber of Associated Labor) 和行政區院 (Chamber of Communes) 所構成。1992 年 12 月選舉時，國會改為包括參議院 (Drzavni Svet) 和國民院 (Drzavni Zbor) 的兩院制。參議院為上議院，成員四十人，任期五年。其中，二十二人代表地區利益，由直選產生，十八人由雇主代表、勞工代表、農民、商人和自由業等社會各專業人士和利益團體代表推舉產生，其職責為代表公民和社會行使監督權並有否決權。國民院為下議院，由九十名議員組成，任期四年。其中四十名由各選區直選產生；另外四十八名則以政黨比例代表制決定，其得票率最低門檻為百分之三；以及兩名匈牙利裔和義大利裔少數民族的保障名額。2000 年斯洛文尼亞修改憲法，廢除參議院，實行一院制國會。

三、歐洲化的進程與障礙

斯國政府於 1991 年 6 月宣布獨立後，其首要目標是獲得國際承認，包括各國政府與國際組織。1992 年 1 月 15 日，歐體成員國承認斯洛文尼亞，至同年 5 月，已有七十六國承認斯國。同時，聯合國和歐安會 (CSCE) 同意接納斯國為會員國。歐洲理事會、國際貨幣基金會和世界銀行亦於 1993 年准許斯國入會。與歐盟經貿合作關係加強並準備進行加入歐盟磋商的過程中卻受到義大利貝魯斯科尼 (Silvio Berlusconi) 政府的阻撓。

1995 年，斯國在外長塔勒 (Zoran Thaler) 奔走於歐盟各國之

下，得以先與歐盟締約加強雙邊合作關係。其中關鍵在於塔勒主動對義大利讓步的策略。1995 年下半年，克服義大利的反對、加入歐盟的目標，仍是斯國努力的方向。9 月初，德諾夫塞克總理強調加入歐盟的腳步不容稍緩。9 月中旬，包括捷克、波蘭、匈牙利和斯洛伐克的《中歐自由貿易協定》(*CEFTA*) 國家於捷克布爾諾 (Brno) 一致同意斯洛文尼亞在短時間即可加入該地區性貿易組織。這固然對斯國是一個重要聲明，但德諾夫塞克認為參加《中歐自由貿易協定》並不能取代加入歐盟的目標。

斯、義兩國關係在 1996 年義國狄尼 (Lamberto Dini) 新政府不再反對斯國與歐盟的諮商而出現轉機。5 月，斯、義兩國同意西班牙提議的妥協方案，斯國允許歐盟國家的國民在斯國購置土地房產，而斯國則得到將於四年內成為歐盟準會員的承諾。6 月，斯國與歐體簽署《準會員國協定》，同時也提出加入歐盟的申請。2004 年 3 月和 5 月斯國先後成為北約及歐盟的正式成員。

斯洛文尼亞是前南斯拉夫經濟改革的先驅。早在 1950 年代末，斯國即施行計畫經濟與市場經濟的雙軌制，允許規模不大的企業私有化。1960 年代，部分商品的價格已經由市場決定。盧布黎亞那當局早在 1991 年獨立之前就已制定獨立的經濟政策。換言之，斯國實際上在政治上宣布獨立之前已經在經濟上具有一切主權。

斯洛文尼亞獨立後，立即採行一系列經濟改革措施，包括金融財稅、企業私有化和對外貿易方面進行重大改革。首先建立獨立執行貨幣政策的中央銀行和效率高、井然有序的金融市場為基礎。同時，發行新貨幣托拉爾並實行貨幣緊縮政策，凍結工資增

長，俟托拉爾穩定之後，再開放貨幣市場公開買賣。由於斯國政府有效控制總體經濟，使得通貨膨脹率由 1990 年的百分之一百零二逐步下降到 1995 年的百分之九點三，自獨立以來首度低於兩位數以下的水準。

　　獨立前斯洛文尼亞外銷市場百分之五十集中在南斯拉夫其他各共和國上。獨立之後，立即轉向西歐市場，其產品迅速進軍德國、義大利、法國和奧地利等國，並且與波蘭、捷克、匈牙利、斯洛伐克簽訂《中歐自由貿易協定》。不僅進出口貿易限制取消、降低關稅並以各種優惠措施吸引外貿。截至 1996 年斯洛文尼亞經濟突飛猛進，平均國民所得達到六千五百美元，相當於歐盟國家中希臘和葡萄牙的水準。

第三節　馬其頓共和國

　　馬其頓是巴爾幹半島上的一個內陸國家，因為在 1993 年 4 月 7 日以 「前南斯拉夫的馬其頓共和國」 (FYROM, Former Yugoslav Republic of Macedonia) 這樣的臨時國名，獲准加入聯合國，成為第一百八十一個成員國，引起世人的關注。

　　馬其頓這個巴爾幹半島上的蕞爾小國，其北邊與塞爾維亞相連，南邊與希臘為鄰，東部和保加利亞接壤，西部和阿爾巴尼亞相鄰，面積二萬五千七百一十三平方公里，人口約有二百萬人，其中百分之六十七是馬其頓人，百分之二十一是阿爾巴尼亞族，土耳其裔有百分之四點八，塞爾維亞族僅佔百分之二點二。首都

斯科普里建於西元六世紀，是馬其頓政治、經濟和文化中心。

一、邁向聯合國之路

　　南斯拉夫解體後，原屬聯邦成員的馬其頓共和國照理應可依例，繼斯洛文尼亞、克羅埃西亞和波士尼亞－黑塞哥維那之後，順理成章加入聯合國。可是，馬其頓因國號問題，屢遭希臘施加政治和經濟的雙重壓力，未能如願。不過，斯科普里政府為了突破雅典的刻意封鎖，改採務實彈性策略，以期能夠成為聯合國會員。其致力加入聯合國的目的，至為明顯。其一是為了擺脫希臘在外交上的封鎖。由於雅典政府的阻力，導致美國及西歐各國遲遲未能承認其獨立主權國家地位。其二是為了獲取經濟援助。國際貨幣基金會及世界銀行等機構，在其國際地位未定之前無法給予經援。基本上，馬其頓加入聯合國可歸納為三個階段：

　　第一階段，提出申請入會：1993 年 1 月，馬其頓正式向聯合國安理會提出入會申請；在希臘強烈異議下，祕書長蓋里 (Boutros Boutros-Ghali) 不得不擱置此項入會申請案。

　　第二階段，歐體從中斡旋：1993 年 2 月，英、法及西班牙出面協調；4 月，希臘與馬其頓就名稱問題達成協議，但隨後希臘針對國旗（韋爾吉納太陽旗）提出異議。

　　第三階段，獲准成為會員國：同年 4 月 8 日，聯合國安理會無異議通過 817 號決議案，接納「前南斯拉夫的馬其頓共和國」為第一百八十一個成員國，但暫時不升國旗，等待協調。同時，馬其頓亦使用臨時名稱加入世界銀行及國際貨幣基金會。

　　無可諱言的，馬其頓加入聯合國也遭遇到內外在的阻力。首先，就其外在阻力來說，當馬國宣布獨立和申請加入聯合國時，其主要阻力當然來自希臘。因為希臘北部一省亦稱為馬其頓，該地區的人民和文化與現在的馬其頓均有共同的淵源，雅典政府認為斯科普里當局對該省懷有領土要求野心。為此，希臘乃展開一系列外交活動，試圖孤立斯科普里政府。諸如 1991 年 12 月，希臘促使歐體達成協議，在馬其頓放棄所有領土要求，停止其外交宣傳及改變國家名稱前將不予承認；1992 年 6 月，歐體高峰會議的〈里斯本宣言〉(Declaration of Lisbon)，在希臘的堅持下，特別揭示，除非斯科普里政府放棄使用「馬其頓」這個名稱，否則歐體成員將不給予承認；同年 8 月，希臘對馬其頓實施經濟封鎖。凡此種種，無疑地均對馬其頓政府帶來極大的阻力。

　　其次，就內在阻力來說：當時馬其頓執政內閣相當弱勢，由溫和派和阿裔政黨合組的政府隨時必須面對反對黨——國會最大政黨馬其頓內部革命組織——爭取馬其頓民族統一民主黨 (VMRO-DPMNE) 的倒閣挑戰。由於馬國加入聯合國的名稱和國旗仍未定案，已引起馬國人民不滿。反對黨曾醞釀對總理克里文可夫斯基 (Brank Crvenkovski) 投不信任案，指控政府違憲；民族主義者更表憤怒，深恐希臘和塞爾維亞反可藉機侵犯馬國主權。同時，馬其頓人民對加入聯合國後卻不能升起國旗，認為是種屈辱；最具影響力的教會——東正教亦認為此種安排是「謊言、陷阱和侮辱」。顯然地，斯科普里當局匆匆加入聯合國，未凝聚全民共識，引起國內各方指責。

圖 48 ：《暴雨將至》 (*Before the Rain*) 電影劇照 馬其頓導演曼切夫斯基 (Milcho Manchevski) 首部長片，對馬其頓境內複雜的種族衝突與宗教、人性等問題有深刻的著墨，他因該片獲得 1994 年威尼斯影展金獅獎的殊榮。

二、馬其頓的政經現況

馬其頓自 1991 年共黨應時勢所趨開放自由選舉以來，政黨興替頻繁。但概觀馬國政治發展過程中，種族色彩明顯為絕大多數政黨的特色，其中以阿族政黨尤為突出。民族融和的確是日後馬國政治穩定的要素。其主要政黨介紹如下：

㈠馬其頓社會民主同盟 (Socijal Demokratski Sojuz na Makedonija, SDSM)：其前身為馬其頓共產黨聯盟 (Savez Kommunista Makedonija, SKM)，1989 年改組為馬其頓共產黨聯盟民主改革黨 (Sojuz na Kommunistite na Makedonija-Partija za Demokratska Preobrazba, SKM-PDP)，1991 年改為現名。該黨雖在 1990 年國會選舉屈居次位，但是其總統候選人格利哥羅夫 (Kiro Gligorov) 卻贏得總統寶座並在聯合內閣中居主導地位。1994 年在

總統和國會大選中，雙雙獲勝。

㈡馬其頓內部革命組織爭取馬其頓民族統一民主黨：1990年6月成立，前身為1883年成立的馬其頓內部革命組織。黨員約10萬人，主張維護主權領土完整，保障少數民族權益，反對阿族要求獨立。1998年10月參加國會大選獲勝，成為最大執政黨。

㈢民主繁榮黨 (Partija za Democratski Prosperitet, PDP)：支持馬國阿爾巴尼亞族權益的維護。1990年成立，1990年選舉後，吸收人民民主黨 (Partis Demokratis Populare, PDP)。1992年加入聯合政府，1994年歷經支持政府的溫和派與反政府的民族主義分子內鬥，後者由哈立力 (Ilijaz Halili) 領導另組「人民民主黨」(Narodna Demokratska Partija, NDP)。其後，雖然該黨對政府若干政策表示不滿，但仍繼續留在內閣，黨內意見相當分歧。1995年札菲利 (Arben Xhaferi) 脫黨，自立「馬其頓阿爾巴尼亞人民主繁榮黨」(PDPSM)。

㈣馬其頓自由黨 (Liberalna Partija na Makedonija, LPM)：其前身係馬其頓改革力量聯盟 (Sojuz na Reformskite Sili na Makedonija, SRSM)。1992年兩黨合組馬其頓改革暨自由黨 (Reformskste Sili na Makedonija-Liberalna Partija, RSM-LP)，1994年改為現名，同年國會選舉贏得二十九席並加入馬其頓社會民主同盟。但是，馬其頓自由黨與聯合內閣的最大黨馬其頓社會民主同盟不和，而在1996年2月被擠出內閣。

㈤人民民主黨 (Narodna Demokratska Partija, NDP)：1994年2月，從民主繁榮黨分裂出來，同年選舉後，雖僅獲得四個席位，

仍是最大的在野黨，不過，1996 年自由黨退出內閣後，人民民主
黨退居第二位。

表 9：1994 年 10 月總統大選結果

政　黨	候選人	得票率 (%)
馬其頓社會民主同盟 馬其頓社會黨 馬其頓自由黨	格利哥羅夫	78.37
馬其頓內部革命組織暨馬其頓民族統一民主黨	喬爾傑夫斯基 (Ljupco Georgievski)	21.63
總　計		100.00

資料來源：*The Europe World Year Book*, 1997, p. 2098.

表 10：1994 年 10 月國會大選結果

政　黨	席　次
馬其頓社會民主同盟	58
馬其頓自由黨	29
民主繁榮黨	10
馬其頓社會黨	8
人民民主黨	4
馬其頓民主黨	1
馬其頓社會民主黨	1
馬其頓吉普賽全面解放黨	1
馬其頓土耳其民主黨 (Democratic Party of Turks) 民主行動黨暨伊斯蘭之路	1
無黨籍	7
總　計	120

資料來源：*The Europe World Year Book*, 1997, p. 2098.

馬其頓獨立後，以務實的精神突破外交困局，並取得重大成就。與南斯拉夫聯盟的關係，正如塞爾維亞反對派領袖德拉斯科維奇所言：馬其頓是塞爾維亞通往希臘的橋梁，而塞爾維亞則是馬其頓到歐洲之路。1996 年 4 月兩國互相承認，馬其頓是第一個為南聯盟承認的前南斯拉夫共和國。雙方各取所需，關係有逐漸熱絡的趨勢。不僅兩國高層互訪頻繁，邊界問題的談判也進行得相當順利。1999 年 1 月 27 日與臺灣建交，但兩年後又斷交。

第四節　波士尼亞－黑塞哥維那共和國

波士尼亞－黑塞哥維那共和國（以下簡稱波黑）為前南斯拉夫六個共和國之一，面積五萬一千平方公里。1991 年時境內近四百四十萬人口，其中主要有穆斯林族，佔百分之四十三點七，信奉伊斯蘭教；其次，塞爾維亞族，佔百分之三十一點四，信奉東正教；以及克羅埃西亞族，佔百分之十七點三，信奉天主教。其族裔和宗教信仰的複雜可見一斑。

一、《岱頓協定》後的政局

持續四十四個月的波黑內戰，幾經聯合國、歐盟、北約的調停和干預，交戰各方曾達成過三十五次的停火協議，但是缺乏外力強勢制約，短暫的和平猶如曇花一現，衝突隨即又起。終在美國恩威並濟手法下促使三方達成第三十六個，也是唯一獲得遵守的停火協議，進而簽署了《岱頓協定》。此項協定標誌著波黑這場

圖49：波黑境內的紀念公園
波士尼亞—黑塞哥維那是命
運之地，南斯拉夫人民的革
命或是解放戰爭於斯產生，
圖為莫斯塔 (Mostar) 一處紀
念公園，用來緬懷為追求自
由而犧牲的英雄。

自二次大戰後歐洲歷時最長、傷亡最慘重的戰爭終告結束。

　　依據《岱頓協定》規定，波黑內戰結束後第一次自由選舉於
1996 年 9 月舉行總統、眾議院、穆克聯邦議會以及塞族共和國民
族議會等四項選舉。總統係由穆、塞、克三族各自選出一人，各
族的總統當選人輪流出任總統一職兩年。國會為兩院制。眾議院
(Zastupnicki Dom/Predstavnick Dom) 有四十二席由比例代表制產
生、二十八席穆克聯邦代表和十四席塞族共和國代表，共計八十
四名議員。民族院 (Dom Narodu) 則由三族各五名代表組成。穆
克聯邦議會包括聯邦眾議院 (Zastupnicki Dom Federacije) 和民族
院。聯邦眾議院選舉採政黨比例代表制一百四十席。民族院則由
穆、克兩族代表參半組成。塞族共和國民族議會 (Narodna

Skupstina Republike Srpske) 以比例代表制選出八十三席。各議會
代表任期皆為兩年。

　　總統大選結果顯示民族主義的號召仍是最強烈的訴求。根據
歐洲安全暨合作組織 (Organization for Security and Cooperation in

表 11：波黑 1996 年 9 月總統團選舉結果

族裔選區	政黨候選人	族區得票率 (%)	全國得票率 (%)
塞爾維亞	塞爾維亞民主黨 克拉伊什尼克	67.3	30.2
	和平進步人民聯盟 (NSSM) 暨民主愛國集團 (DPB) 伊凡尼克 (Mladen Ivanik)	30.0	13.4
	塞爾維亞愛國黨 (SPAS) 查力克 (Milivoje Zarik)	1.5	0.7
	塞爾維亞克拉伊納黨 (SSK) 拉提諾維克 (Branko Latinovik)	1.2	0.6
穆斯林	民主行動黨 伊澤特貝托維奇	82.4	32.0
	波黑黨 西拉吉奇	14.0	5.4
	民主人民同盟 阿布迪奇	2.9	1.1
	波黑聯合陣線 (ZL) 阿伏狄奇 (Sead Avdic)	2.4	0.9
克羅埃西亞	克羅埃西亞民主同盟 (HDZ) 祖巴克	88.7	14.5
	波黑聯合陣線 康希奇 (Ivo Kommsic)	18.1	1.6

資料來源：http://www.geocities.com/~derksen/election/bosnia.htm, p. 1.

Europe, OSCE) 統計，穆斯林總統候選人伊澤特貝托維奇贏得全國百分之三十二的選票，約為穆族選民的百分之八十二點四；塞族候選人克拉伊什尼克 (Momcilo Krajisnik) 得票率百分之三十點二，為塞族選民的百分之六十七點三；克族候選人祖巴克 (Kresimir Zubak) 全國得票率百分之十四點五，其克族選民得票率為八十八點七。各族總統當選人民族主義色彩濃厚，深受各族人民擁護。波黑的政黨生態亦不脫離民族主義的影響，僅有強弱之別而已。舉其要者如下：

㈠民主行動黨 (Stranka Demokrataka Akcije, SDA)：係波黑穆斯林民族主義政黨，創立於 1990 年 5 月，在 1990 年國會與總統大選中獲得多數地位。1996 年 4 月，黨內派系出走組成波黑黨 (SBiH)，但仍不影響民主行動黨在 9 月大選的領先地位。

㈡民主人民同盟 (Demokratska Narodna Zajednica, DNZ)：成立於 1996 年 4 月，其前身為 1993 年創立於比哈奇西波士尼亞自治省的穆斯林民主黨 (Muslimanska Demokratska Stranka, MDS)。該黨黨魁阿布迪奇 (Fikret Abdic) 曾於防衛比哈奇時與塞族合作而遭波黑政府軍逮捕。

㈢波黑克羅埃西亞民主同盟 (Hrvatska Demokratska Zajednica Bosne i Hercegovine, HDZ-BiH)：成立於 1990 年 8 月。1990 年選舉成為第三大黨並加入聯合政府。1993 年〈赫爾采格─波斯那共和國獨立宣言〉使得該黨飽受各方阻力。1994 年 3 月在克國政府的壓力下該黨黨魁波班為祖巴克取代，並加入穆克聯邦。1996 年選舉該黨在克族選區高居第一。

㈣塞爾維亞民主黨 (Srpska Demokratska Stranka, SDS)：成立於 1990 年 7 月，為波黑塞族最主要的政黨。1990 年選舉時以百分之三十的得票率僅次於民主行動黨。1995 年 8 月該黨黨魁卡拉季奇獲選連任黨主席並接受黨提名為 9 月總統大選候選人，但在美國和塞爾維亞的施壓下，迫使黨主席易人，由布哈 (Aleksa Buha) 取代，總統選舉改由普拉夫希奇出馬角逐。

表 12：波黑 1996 年眾議院選舉結果

政　　黨	得票率 (%)	席　　次
民主行動黨 (SDA)	37.8	19
塞爾維亞民主黨	24.0	9
波黑克羅埃西亞民主同盟	14.0	8
波黑聯合陣線	5.7	2
和平進步人民聯盟	5.6	2
波黑黨 (SBiH)	3.9	2
塞爾維亞激進黨	2.6	0
民主愛國集團	1.2	0
民主人民同盟	1.1	0
其　　他	4.08	0
總　　計	100.0	42

資料來源：同表 11，p. 3。

表 13：波黑 1996 年穆克聯邦眾議院選舉結果

政　　黨	得票率 (%)	席　　次
民主行動黨 (SDA)	54.3	78
克羅埃西亞民主同盟 (HDZ)	25.3	36
波黑聯合陣線 (ZL)	7.9	11

波黑黨 (SBiH)	7.4	10
民主人民同盟 (DNZ)	1.8	3
克羅埃西亞真理黨 (HSP)	1.2	2
其　他	2.1	0
總　計	100.0	140

資料來源：同表 11。

表 14：塞族共和國民族議會選舉結果

政　黨	得票率 (%)	席　次
塞爾維亞民主黨 (SDS)	52.6	45
民主行動黨 (SDA)	16.4	14
和平進步人民聯盟 (NSSM)	11.6	10
塞爾維亞激進黨 (SRS)	6.7	6
民主愛國集團 (DPB)	3.5	2
波黑黨 (SBiH)	2.4	2
波黑聯合陣線 (ZL)	2.1	2
塞爾維亞愛國黨 (SPAS)	1.3	1
塞爾維亞克拉伊納黨 (SSK)	1.6	1
其　他	1.8	0
總　計	100.0	83

資料來源：同表 11，p. 2。

　　事實上，《岱頓協定》對《波黑和平方案》所謂的「自由公正選舉」而言，有幾點負面因素值得注意：

　　第一，統獨分歧，缺乏國家認同感。波黑選舉對三大族群的意義有天壤之別。塞族與克族欲藉選舉取得政治實體的合法地位，俾日後與母國（塞爾維亞及克羅埃西亞共和國）合併；另一方面，佔人口多數的穆斯林族希望維持統一的國家形態。表面統一而實

質分裂的局面，正是波黑亟待克服的難題。

第二，政黨民族主義色彩濃厚，不利政局穩定。波黑三大勢力的多數黨盡皆民族主義型政黨：穆斯林族是民主行動黨、塞族是塞爾維亞民主黨、克族則是克羅埃西亞民主同盟，雖然都冠上民主之名，實際上卻對少數黨的支持者頻施暴脅迫並對其他不同民族的政黨加以干擾，對未來民主制度的運行，恐失之偏頗。

不過，就消弭戰亂與穩定國際局勢的角度來看，《岱頓協定》卻是巴爾幹和平的契機。波黑衝突雖在北約決定性的介入及美國強力的斡旋下，終告落幕。但是，後續有關波黑整體政治、經濟、軍事、文化等配套工作，仍有待國際社會的關注與援助，以重建殘破的家園，步出戰爭的陰影，再造和平。

綜以觀之，前南斯拉夫在 1991～1993 年間因內戰分裂成五個獨立主權國家以來，歷經國際社會強制干預，和《岱頓協定》貫徹執行下，始告緩和。唯民族主義情緒仍維持相當程度的熱度，短時間內不易消解。這個有「火藥庫」之稱的巴爾幹半島，在分裂五年後形成鮮明對比，深受西方文化影響並信奉天主教的斯洛文尼亞和克羅埃西亞這一方，工商業發達，更趨穩定；反觀信奉東正教和伊斯蘭教的塞爾維亞、波黑那一方則仍有內部嚴重矛盾，危機猶在。

準此以觀，在後共產主義時期巴爾幹地區的政治發展，很明顯地反映如下訊息：其一，政黨須透過選票才能取得執政機會；在自由選舉機制下，「一黨專政」業已一去不復返，人民真正享有決定國家元首或政黨組閣的權利，不再充當往昔的順民，或某一

政黨的應聲蟲；任何政黨意圖有所表現，走向執政之路，則必須體察民意歸向，揭示可行又具有吸引力的政綱，以爭取選民支持。其二，政黨林立，足以獨當一面的強勢政黨並不多見；後共產主義時期，政黨林立現象甚為普遍，在巴爾幹國家當中，除塞爾維亞社會黨曾經一度可在議會掌握絕對多數之外，其餘均必須數個黨結為聯盟，或二個以上政黨合作，始能勉強維持穩定的內閣。其三，民族主義越高漲的國家，其民主進程越慢；巴爾幹國家的民主化經驗，證明民族主義是否激進與民主化穩定程度成反比。波黑、塞爾維亞等國的民主化進程之所以遠不如波、捷、匈三國，乃係極端民族主義從中作祟使然，升高內部矛盾，抵銷民主改革力量。

在經濟情勢方面，由前南斯拉夫分裂出來的五個獨立國家，在飽受戰火和國際社會的制裁衝擊下，百廢待舉，經濟發展深受影響。唯獨斯洛文尼亞因有較雄厚的工商業基礎，其經濟成長自1994年以來均可維持在三至五個百分點的穩定增長；通貨膨脹也是所有前社會主義國家最低者之一，1996、1997年均在百分之十以下。克羅埃西亞和馬其頓因政局穩定，其經濟發展也日趨平穩，1996、1997年的經濟成長已可達到百分之二到百分之六不等的增長，通貨膨脹也表現得令人刮目相看，維持在百分之六以下。但由塞爾維亞和蒙特內哥羅（即黑山）組成的南斯拉夫聯盟以及波黑，由於受內戰重創，恢復到1980年代的水準猶待相當時日。不過，波黑因蒙獲國際社會慷慨解囊，大量外援流入，對其經濟重建大有助益，根據統計數據顯示，1998年《岱頓協定》已發揮效

能，經濟成長高達百分之三十五。

　　綜觀巴爾幹國家的經濟情勢，大體而言，予人留下較深刻印象者：第一，共黨極權統治越徹底的國家，其經濟轉型也就越緩慢。巴爾幹國家過去同屬社會主義國家陣營，這些國家都實行過史達林模式的獨裁恐怖統治，使得「社會移動性」備受

圖 50：1995 年的巴爾幹國家

摧殘，對社會變遷的適應能力因而遲緩，經濟發展緩慢。第二，與西歐國家毗鄰越容易受西方影響，發展經濟也佔天時地利之便。靠近西歐的斯洛文尼亞和克羅埃西亞等，其經濟情勢均比其他共和國佔優勢。第三，巴爾幹國家的民族衝突所引爆的戰端，影響本身的經濟發展。不僅貫穿巴爾幹半島的陸路交通受阻，貨物運輸難以暢通，與外界的貿易交流也因而受到限制。加上塞爾維亞因介入波黑內戰導致國際社會的經濟制裁，而蒙受重大損失。

　　對外關係顯示如下特點：其一，國際因素的介入足以左右各國的對外關係動向。諸如北約「東擴」，俄羅斯反對北約「東擴」，《岱頓協定》的執行和爭取加入歐盟等問題，均能決定其對外關係的發展。其二，基於經濟利益，必須吸引外資來振興經濟，乃

是巴爾幹國家發展對外關係的必要過程。在步上市場經濟之餘，如何向國際貨幣基金會和世界銀行取得信貸，以及向工業發達國家吸收資金，進而開拓國際市場，成為其對外政策的重要環節。其三，為了安全利益，確保和平穩定環境，以利各項改革，故特別強調睦鄰關係。對分裂後所產生的併發症等，彼此都必須捐棄前嫌，互信互諒。總之，巴爾幹國家唯有納入歐洲體系，接受歐洲社會的行為準則，方能克服內在危機。

第十章 | *Chapter 10*

國際社會對南聯盟之態度

第一節 1990 年代國際社會對南聯盟的孤立

　　南聯盟在大塞爾維亞主義的驅使下介入克羅埃西亞和波士尼亞的民族衝突,兩面受敵,國力耗損非淺。1991 年 6 月 25 日斯洛文尼亞和克羅埃西亞宣布獨立後,原有六十萬塞族居住在克國境內的克拉伊納,在貝爾格萊德暗中支持下,也於同年 12 月 25 日宣布獨立。1992 年 1 月 9 日在波士尼亞境內的塞族亦乘南斯拉夫瓦解之際,宣布成立「波士尼亞塞爾維亞共和國」,脫離薩拉耶佛政府的控制。在這種「國中有國」,統治權失控的情況下,唯有以戰爭手段解決爭端,戰火升高,民族間相互殘殺,進行種族清洗,國際輿論譁然,致使以塞族為主的南聯盟備受譴責,自毀形象,導致國際社會對南聯盟的孤立。

　　1991 年 12 月 23 日德國率先承認斯、克兩國的獨立;隨後,歐洲共同體成員相繼跟進,從此巴爾幹地區的民族衝突就不再是

圖 51：薩拉
耶佛被炸彈
攻擊後滿目
瘡痍的景象

圖 52：1992 年巴爾幹的國家

某一國的內政問題。1992 年 4 月 6 日，歐洲共同體又承認波士尼亞為主權獨立國家；次日，美國也正式承認斯、克、波等三國；同年 4 月 27 日，俄羅斯和中共首先承認南聯盟的建立，北京政府同時亦承認斯、克兩國。1992 年 5 月 22 日，斯洛文尼亞、克羅埃西亞和波士尼亞獲准成為聯合國會員國，馬其頓則因國名問題延至 1993 年 4 月 8 日才加入。南聯盟直到 2000 年政權更迭後才擺脫外交孤立，11 月 1 日以新會員

國身分加入聯合國，隨後歐安組織於 11 月 10 日恢復其會員資格，並在 12 月 20 日加入國際貨幣基金會。

隨著德國和其他歐洲共同體成員國相繼承認斯、克兩國之後，國際社會緊跟著對南聯盟進行經濟制裁，內容包括石油和貿易禁運，凍結海外資產，切斷空中交通，停止體育、科技等交流，以迫使塞軍從克、波二國境內撤退。1992 年 6 月 1 日國際社會繼續響應聯合國的制裁行動，其中美國凍結南國在美所有資產，禁止對該國的進出口，禁止南國飛機在美降落或經過領空；澳洲中止南國的航權，並切斷與南國的貿易，英國銀行凍結南國所有的交易，法國凍結該國資產等等。因此制裁行動直到 1995 年 11 月《岱頓協定》簽訂之後，巴爾幹和平出現曙光，對南聯盟的經濟制裁始逐步放鬆。

第二節　科索沃危機和北約「以戰逼和」

後共產主義時期南聯盟繼波黑內戰衝擊，飽受國際社會制裁之後，正因《岱頓協定》逐步落實使其政經情勢漸趨穩定之際，巴爾幹民族衝突卻是一波稍平另一波又起，科索沃爭端接踵而至，導致北約打破先例，動用軍事力量對一個主權國家進行干預，使南聯盟政經困境雪上加霜，步履維艱。科索沃情勢再度逼近引爆點。雖然，1991 年 9 月科索沃民主聯盟 (LDK) 主導的阿族地下政府正式發表〈科索沃獨立宣言〉，其極致目標為獲得國家主權，但是其基本策略是以非暴力與消極抵抗為原則，爭取國際社會的聲

援。然而，科索沃問題又因三項不穩定的變數而進入無法預測的新階段。其一，科索沃阿族逐漸對和平解決爭端的途徑失去信心，若社會和經濟狀況進一步惡化也無排除轉向極端路線的可能性。其二，貝爾格萊德當局持續以強硬壓制的方式鎮壓動亂恐將引起全面衝突。其三，阿族開始懷疑國際社會為阿族伸張正義的能力與信心。

　　原本冀望西方國家介入科索沃獨立運動的阿族，眼見《岱頓協定》的和平進程忽略科索沃，又見西方國家反對科索沃獨立的態度而感到希望幻滅。西方國家之中，美國是最關切科索沃阿族人權狀況的國家。《岱頓協定》之後，美國並未全面解除對塞爾維亞的經濟制裁措施，而仍維持禁止國際金融機構借貸塞國。解禁的條件之一是塞國必須實質改善科索沃的人權狀況。華盛頓當局為表示重視科索沃局勢，特地在普利斯提那 (Pristina) 成立美國新聞總署辦公室。國務卿歐布萊特 (Madeleine Albright) 曾致函米洛塞維奇敦促早日採取正面有效的方法解決科索沃問題，並警告勿使用武力解決。儘管如此，科索沃解放軍的暴力行為日益頻繁，升高科索沃衝突的危機氣氛。此外，塞國南部地區的山札克 (Sandzak) 穆斯林分離主義分子更增添塞國不安的因素。

　　科索沃原屬南斯拉夫塞爾維亞共和國的自治省，領土比以色列小一點，接鄰阿爾巴尼亞及馬其頓兩國。境內兩大種族為阿爾巴尼亞人及塞爾維亞人，其中阿裔人口佔科省百分之九十，遠超過塞裔人口。由於雙方語言不同、宗教相異（大部分阿裔的人民都是伊斯蘭教徒。他們的祖先原為東正教或天主教徒，但在鄂圖

圖 53 ：科索沃烏羅謝瓦奇 (Uroševac) 地區　科索沃曾是中古世紀塞爾維亞王國的重心，現今的居民多為阿爾巴尼亞人，因此可見到如圖中清真寺與東正教堂比鄰而立的景象。

曼土耳其帝國統治當地五百年後，就逐漸改信伊斯蘭教。而塞爾維亞人則是虔誠的東正教徒)，加上科索沃曾是古塞爾維亞帝國的所在地，在 1389 年鄂圖曼土耳其人擊敗塞爾維亞帝國後，遂佔據統治科索沃。不過，根據歷史記載，大約三千年前（早在羅馬帝國之前），有一群人稱為伊利里亞人（即今天阿爾巴尼亞人的祖先），比斯拉夫人更早居住在科索沃等地。

　　然而，塞爾維亞人視科省為宗教戰爭聖地，並不承認此歷史主權說。因此對當地歷史的認知雙方也各有堅持。 1968 年與 1981 年，科省阿裔曾舉行兩次大規模的反政府示威及罷工活動，並不時與塞爾維亞當局發生流血衝突。在 1961 年時，科省境內人口組合是由百分之六十七的阿爾巴尼亞人與百分之二十四的塞爾維亞人及部分更少數的民族所組成。但是，阿爾巴尼亞人的出生

率居全歐之冠。到 1980 年代末時，佔百分之九十人口的阿裔人民
要求將科索沃晉升到共和國的地位，但主政的塞爾維亞人擔心，
科省一旦升級，就會要求獨立或與鄰近的阿爾巴尼亞合併。

一、科索沃危機再現

1998 年 3 月間，科索沃省境內阿爾巴尼亞裔人民由於南斯拉
夫總統大倡「大塞爾維亞主義」，使境內其他族群不滿，因而要求
獨立，其行動隨即遭到南斯拉夫總統米洛塞維奇下令鎮壓，其間
造成數十萬人流離失所。南聯盟對科索沃省阿裔人民的血腥殺戮，
使國際社會回想起 1992 年 3 月間波士尼亞獨立事件中，南聯盟
所採取的武力鎮壓行動，造成二百五十萬流離失所的難民。

圖 54：1998 年的巴爾幹國家

科索沃戰爭引起歐
洲國家緊張與不安，由於
前二次世界大戰的教訓，
使歐洲的經濟落後幾十
年，因此它們亟欲藉由
「歐洲整合」，使歐洲大
陸的國家能有休戚與共
的心理，避免自相殘殺的
錯誤重蹈覆轍，但是科省
的動亂可能加劇種族間
的分離主義，影響歐洲整
合。例如：若科省境內的

阿裔人民獨立，之後與阿爾巴尼亞結盟，如此一來，也可能助長馬其頓內五分之一的阿裔人民的分裂傾向，或希臘北部三十萬阿裔也可能參與所謂的「大阿爾巴尼亞」圈。

　　科省發生動亂之後，南聯盟對阿裔人民進行「種族淨化」的殘暴行動，引起國際社會震驚，聯合國安理會基於人道主義、保障人權，決定以武力制裁南聯盟。儘管遭俄國及中國投反對票，反對聯合國出兵南聯盟，但以美國為首的北約盟軍，仍在和談破裂後，於 1999 年 3 月 24 日開始轟炸塞爾維亞，前後約歷時二個月，直到塞爾維亞接受和平協議，戰事才暫時平息。早在 1999 年 2 月，由美、英、法、德、義、俄等六國接觸小組，草擬《朗布葉和平方案》，4 月由 G8 集團再具體補充該和平方案，至 6 月《科索沃和平協議》正式生效。有關科索沃獨立運動詳見第十一章第五節。

二、北約「以戰逼和」奏效

　　能夠達成《科索沃和平協議》的因素如下：
㈠北約「以戰逼和」戰術終告奏效
　　北約組織從 3 月 24 日至 6 月 9 日對南斯拉夫聯盟共和國持續展開長達七十八天的空中轟炸行動，摧毀南聯盟重要基礎設施和空防軍備，造成南聯盟幾乎無招架能力，瀕臨癱瘓狀態；同時，北約又故意透露發動地面部隊的訊息，發揮威懾作用，並把南聯盟總統米洛塞維奇公告列名為海牙國際戰爭罪犯刑事法庭的首要戰犯，軟硬兼施，迫使貝爾格萊德政府不得不 「兩害相權取其

圖 55：在科索沃戰爭中被炸毀的清真寺

輕」，接受由美、英、法、德、義、日、加和俄等所謂《八國集團
和平方案》。

㈡米洛塞維奇窮途末路被迫謀和

　　米洛塞維奇自不量力，自毀前程，由於他幕後推動大塞爾維
亞主義，導致南斯拉夫解體在先；也因為他蔑視人權，血腥鎮壓
科索沃阿爾巴尼亞族的分離主義運動，致使北約進行軍事干預，
造成南聯盟空前災難，再度面臨分裂危機。米氏深知以寡難以敵
眾，不是北約對手，因此，當北約空中打擊南聯盟初期，曾試圖
營造籌碼，取得奧援。首先，4 月 12 日南聯盟國會通過決議申請
加入由俄羅斯和白俄羅斯所組成的聯盟，隨後又贏得俄羅斯國家
杜馬的支持，企圖藉機得到莫斯科的撐腰，來反制北約的武力干
預。其次，5 月 7 日北約空襲誤炸貝爾格萊德中國大使館，引起

圖56：因戰爭而破敗的家園　一名塞爾維亞婦人蓋了三年的家，一夕之間被北約軍隊炸毀。

北京當局強烈反彈，出現反美浪潮，無形中提供米氏「利多」誘因。可是，這二項舉措對米洛塞維奇而言，不僅於事無補，反而令他心灰意冷，越感窮途末路，謀和讓步乃唯一選擇。

（三）外交斡旋營造和解條件

　　蘇聯解體後，俄羅斯的政經改革步履維艱，國力一落千丈的莫斯科深知，以軍事力量介入巴爾幹紛爭，與北約對抗，得不償失，不僅可能升高巴爾幹戰火，乃至世界大戰的風險，而且因與西方國家關係惡化可能帶來經濟利益的損失。因此，葉爾欽政府乃決定採行外交途徑，既可發揮其對巴爾幹衝突的影響力，又可與西方國家維持正常化關係。葉爾欽任命俄前任總理切爾諾梅爾金為巴爾幹特使，展開「穿梭外交」，密切與七大工業國家配合，將八國集團所研擬的和平方案，先後進出貝爾格萊德五次，與米洛塞維奇談判。歐洲聯盟推舉下屆輪值主席並較具中立色彩的芬蘭總統阿赫迪薩里代表歐盟，美國則由副國務卿塔爾波特出面，兩人分別展開外交接觸，多次穿梭於莫斯科－科隆之間，代表北

約、歐洲和俄羅斯等三方面達成共識，再向貝爾格萊德施壓，終於迫使米洛塞維奇接受和平方案。在北約「以戰逼和」的壓力下，俄羅斯、歐盟和北約配合外交手段，才使北約動武的僵局早日落幕，不至於重演越戰和阿富汗戰爭的惡夢。

㈣國際輿論壓力

　　後冷戰時期國際社會所期待的當然是和平穩定環境的到來，很不希望見到東西方冷戰對抗和衝突的一面。儘管巴爾幹民族之間血腥的相互殘殺，進行種族淨化，人神共憤。因此，北約基於人道主義動用武力干預，也廣受民主國家民意和輿論的支持。可是，北約空中轟炸，誤殺無辜，破壞人民財物和影響百姓生活安寧，亦深受批評，反戰聲浪隨之升高。民主國家的政府決策，仍以民心歸向為依歸，加上俄、中聯手反制，使美國主導的北約組織也得要有所顧慮，「適可而止」，俾維繫國際社會「以和為貴」的準則。

㈤科索沃問題國際化的後果

　　科索沃民族衝突問題形同波黑事件再版，其差異之處：第一，波黑那一方，南聯盟以「外國」地位介入，甚至主導波黑境內的民族紛爭；而科索沃這一方，阿爾巴尼亞族與塞爾維亞族之間的矛盾摩擦係屬南聯盟的內政問題。第二，由於南聯盟或明或暗參與波黑爭端，導致國際社會的經濟制裁；而科索沃衝突的升高促使北約基於人道主義對南聯盟動武，進行干預，造成南聯盟空前災難。科索沃阿爾巴尼亞族為追求獨立而引爆的塞、阿二族血腥衝突，終於在 6 月 9 日北約「以戰逼和」長達七十八天持續性空

中打擊後達成和平協議。科索沃問題國際化，將由聯合國安理會授權，成立過渡性管理機構，並由北約組織主導維和部隊，負責執行和平任務以及確保近百萬阿族難民得以安全返鄉重建家園。

三、維和部隊的任務

根據《科索沃和平協議》的要點，舉凡掃雷保護人身安全、協助難民重返家園、提供人道協助、解除「科索沃人民解放軍」和民兵武裝、建立過渡政府和民主自治制度等等，都必須仰仗維和部隊，始能落實。其主要任務有下列五項：

㈠停火：使為期數月的戰事，能停止對彼此的攻擊行動。

㈡撤軍：使科索沃境內的南斯拉夫軍隊、準軍事部隊(paramilitary)以及警察勢力，撤離科省。

㈢維和任務：以北約為中心的國際維和部隊，進駐科省進行維和工作。

㈣保護難民返鄉：為數近百萬的難民流離失所，和不少民房遭摧毀，以及重要基礎設施百廢待舉，都急需維和部隊協助其重建。

㈤協助建立科索沃社會法律秩序：科索沃長期在塞族統治下，一旦塞族的統治權力消失後，幾近呈現無政府狀態；由聯合國授權的臨時行政機構就得立即接管行政管轄權，執行治安、民政、人道援助、各項建設，以及民主制度的建立，均需要維和部隊做後盾，才能順利推展。

表 15：維和部隊組成表

一、北約成員國		
國　別	軍隊數量（人）	備　註
英　國	13000	
德　國	8000	
美　國	7000	
法　國	7000	
義大利	7000	
西班牙	1200	
比利時	1100	
希　臘	1000	
挪　威	800～900	
丹　麥	850	
波　蘭	800	
加拿大	800	
荷　蘭	2050	
葡萄牙	290	
匈牙利	200	
土耳其	小股部隊	
冰　島	小股部隊	象徵性觀察員
盧森堡	小股部隊	象徵性觀察員
捷　克	小股部隊	
小　計	51090～51190	
二、非北約成員國		
俄羅斯	3600	
芬　蘭	800	
瑞　典	數百	波：510，科：760
烏克蘭	數百	240

羅馬尼亞	250	
奧地利	250	
保加利亞	小隊	觀察員
斯洛文尼亞	小隊	觀察員
立陶宛	小隊	觀察員
愛沙尼亞	小隊	觀察員
拉脫維亞	小隊	觀察員
馬其頓	小隊	觀察員
小　　計	4900	
總　　計	55990～56090	

參考資料：http://europa.eu.int/comm/external_relations/see/docs/g8_koln_
june_20_99htm.htm （立陶宛、拉脫維亞、愛沙尼亞、斯洛文尼亞於
2004 年 4 月加入北約。）

圖 57：魯戈瓦　1989 年領導科索沃的阿爾巴尼亞人，以非暴力的方式來抗議自治權的被剝奪，經過與塞爾維亞長期抗爭之後，於 1999 年接受聯合國管轄的科索沃。2002 年 3 月 5 日自治議會直接選舉，科索沃議會最大黨民主聯盟 (Democratic League) 領袖——魯戈瓦當選第一任科索沃總統。魯戈瓦當選時曾強調：「科索沃民主聯盟將利用這次勝利推動科索沃的獨立進程。我請求巴黎、倫敦、柏林和華盛頓，承認科索沃的獨立。」

　　在維和部隊的保護下，科索沃得以自戰火中喘一口氣。2002
年 3 月 5 日，南聯盟舉行塞、科地方議會選舉，推舉出阿裔溫和

派領袖魯戈瓦出任議會主席。科省在北約和平組織與聯合國共管下，此次選舉所象徵之意義為邁向獨立走出一大步。

第三節　《巴爾幹重建計畫》之協商

自 1999 年 6 月 9 日北約與南聯盟達成停火協議之後，在同年 7 月 30 日，世界四十多國領袖於波黑首府薩拉耶佛簽訂《巴爾幹重建計畫》。當南斯拉夫解體之後，隨著波黑和塞爾維亞境內的流血衝突，西方國家即有所謂《新馬歇爾計畫》重建巴爾幹促其穩定發展的構想。由八國集團倡導的巴爾幹穩定高峰會議，顯然地，除了整合各國和各國際組織的意見外，還具有最高決策的作用，以確認由歐盟、歐安組織、北約和經合組織共同草擬的《巴爾幹穩定公約》和重建巴爾幹的基本方針。

此次巴爾幹高峰會議的開會地點訂在波士尼亞的首都薩拉耶佛，美國總統柯林頓特選在當地高中一座體育館進行演說，對高中生表示：「終止戰爭是不夠的，我們還必須建立一個和平的環境，把黑暗的歷史忘記並不容易，我們必須建立光明的未來。」柯林頓總統藉機向波黑的新生代宣示和平穩定的意義。此次會議領袖包括美國總統柯林頓、英國首相布萊爾、法國總統席哈克、德國總理施若德及俄羅斯總理謝爾蓋‧斯捷帕申等各國重要領袖。值得注意的是，巴爾幹國家唯有南聯盟總統未受邀參加，而與之擁有聯盟關係的黑山總統久卡諾維奇與塞爾維亞的反對黨代表皆在此次會議的受邀之列。

此次會議主要討論議題涵蓋：

　1.確認 6 月簽署的和平協議之責任。

　2.健全政經體制，加強睦鄰合作關係，以促進和平與繁榮。

　3.確認《巴爾幹穩定公約》和〈振興巴爾幹宣言〉的內容。

　4.推進巴爾幹地區歐洲化，納入歐洲體系。

　此外，會後通過幾項重要決議，其中包含：

　1.通過《巴爾幹穩定公約》與〈振興巴爾幹宣言〉的決議文，其內容皆表示將加速使該地區所有國家加入歐洲一大西洋一體化的進程，尤其是加速使該地區國家成為歐盟成員國與北約和平伙伴關係國的進程。

　2.美、英、法、德、日等國家為促進和平，提出了具體的援助保證，其中包括美國承諾將經援七億美元、法國將提供十億歐元（約合十億六千萬美元）的援助，其他大部分歐洲國家則將援助承諾保留在下次捐款會議。

　3.與會各國領袖對建立穩定的民主政體、繁榮的社會經濟、多元民族社會、尊重人權和打擊貪污與組織犯罪等達成共識。

　此外，高峰會議籌委會主席耶拉維奇所提三項具體建議：第一，東南歐國家的立法應與「國際人權標準」保持一致；第二，建立有效的保護人權機制，設立東南歐地區人權法庭；第三，簽署保護少數民族權利的東南歐國家地區條約，獲得大會支持。

　本次會議中所顯示的意義有以下幾點：

　1.建構巴爾幹穩定機制，樹立典範：前南斯拉夫解體後，民族衝突紛爭不斷，一波未平一波又起。克羅埃西亞和波黑的內戰

甫告平息，科索沃的爭端再起，這些自第二次世界大戰以來，慘不忍睹的血腥衝突，最終還得要依賴國際社會全面干預，收拾殘局。無疑地，這次巴爾幹穩定高峰會議所通過《巴爾幹穩定公約》對建構該地區的穩定機制，促其邁向長治久安，具有深遠意義。

2.援助巴爾幹地區的經濟發展獲得保證：稍早國際社會對科索沃及其周邊國家的重建計畫，僅停留在評估和研議階段，未做具體承諾。這次在薩拉耶佛召開自半個世紀以來最隆重盛大的高峰會議，雖然援助資金不甚理想，但意義深遠。巴爾幹地區和馬其頓、科索沃、阿爾巴尼亞、波黑、黑山、克羅埃西亞、保加利亞和羅馬尼亞等國，在未來五年間，將可獲取數量不等的援助，來重振經濟發展。

3.加快巴爾幹國家「歐洲化」，重返歐洲社會：歐盟在高峰會議舉行前，已有明確的宣示，未來巴爾幹國家將可能獲准加入進行歐洲一體化的歐盟，在歐洲統合的腳步中加速其政經發展，但前提是必須在政治上進行民主化改革，經濟上施行市場經濟，並尊重人權。此外，在此次高峰會議中，各國也表示南聯盟必須實行民主化，且米氏必須下臺，才會獲得巴爾幹援助計畫中數十億的西方援助。這些皆顯示，美國與歐洲國家都希望藉此一機制來迫使包括南聯盟的巴爾幹國家進行民主改革，以杜絕戰火再生。

4.孤立米洛塞維奇，推進塞爾維亞民主化：華府希望藉這場高峰會議凸顯米洛塞維奇的國際孤立困境，並增加其國內壓力。由於西方國家領袖已經表示，只要遭到海牙國際戰爭刑事法庭起訴的米洛塞維奇繼續掌權，就不會協助重建南聯盟，因此米洛塞

維奇並未受邀出席。而為了強調米洛塞維奇遭國際間放逐的困境，南聯盟的反對黨阿拉莫維奇以及黑山總統久卡諾維奇這次都受邀與會。雖然〈振興巴爾幹宣言〉中因俄羅斯的強烈反對，未直接譴責米氏，但宣言中所言，希望南聯盟人民擁抱民主改革，確實為區域團結而努力，皆鼓勵了南聯盟人民推翻米氏，唾棄米氏的獨裁。其孤立米氏，促使南聯盟民主化的意圖極為明顯。

　　5.選定薩拉耶佛作為高峰會議地點具有象徵意義：薩拉耶佛是第一次世界大戰的導火點，南斯拉夫解體後，薩拉耶佛是波黑的首都。在三年半的內戰中飽受戰火破壞，最後在 1995 年 11 月所簽訂之《岱頓協定》的安排下，始得逐步重建，恢復生機。此次高峰會議場所選在剛修造完成的一所高中體育館舉行，即象徵著國際社會有穩定巴爾幹地區的決心與信心。

第十一章 | *Chapter 11*

邁向民主化回歸歐洲社會

第一節　南聯盟的政局發展

　　前南斯拉夫未解體之前，是一黨專政的社會主義國家，憲法明文規定，「南斯拉夫共產主義者聯盟」（通稱南共）是「社會一切領導力量」，不允許有第二個政黨以上存在。這個曾擁有一百八十萬黨員的共黨於 1990 年南斯拉夫尚未分裂時，因內部掀起民主化聲浪終告分崩離析，各共和國內原有的共產主義聯盟自立門戶，或改頭換面，或另起爐灶。在南聯盟境內先後成立的政黨有如雨後春筍，茲舉南聯盟瓦解之前較具影響力的政黨略述如下，可見其政治發展的動向：

　　1. 塞爾維亞社會黨 (Socijalisticka Partija Sarije, SPS)：1990 年 7 月創黨，由原塞爾維亞共產主義者聯盟和塞爾維亞勞動人民社會主義聯盟合併組成。主張民主社會主義、聯邦制的南斯拉夫，現代法治國家和經濟發達、文化繁榮的塞爾維亞。該黨在 1990 年

12 月塞爾維亞選舉贏得二百五十席中的一百九十四席,其建黨首任黨魁米洛塞維奇擊敗其他三十名候選人,贏得百分之六十五的選票當選塞爾維亞總統。1992 年 5 月南斯拉夫聯邦公民院選舉,塞爾維亞社會黨和其聯盟伙伴稍逾半數,得到一百三十八席中的七十三席。5 月底,聯合國經濟制裁南斯拉夫,該黨內部反米洛塞維奇的社會民主派分子紛紛出走,另起爐灶。然而,米洛塞維奇依舊大權在握,12 月重新選舉公民院,塞爾維亞社會黨仍然在聯邦和塞國國會受到民意支持。此後,塞爾維亞社會黨向極端民族主義的塞爾維亞激進黨靠攏,兩黨聯手將南斯拉夫聯盟共和國總統喬西奇拉下臺。

2. 民主黨 (Demokrataka Stranka, DS):米契諾維奇 (Dragoljub Micunovic) 於 1992 年所創立。其黨綱為致力民主多黨制、言論自由與人權的追求。政策與領導風格的衝突使得米契諾維奇出走,該黨開始傾向右派,並於 1992 年退出塞國民主行動聯盟。黨內派系出走,另組塞爾維亞民主黨,1992 年選舉僅取得五席,1993 年塞國選舉贏得二十九席,即加入社會黨政府。

3. 塞爾維亞民主黨 (Demokrataka Stranka Srbije, DSS):1992 年選舉前不久由民主黨分裂出來組成,為民主行動聯盟的臺柱,但是後來傾向右派,甚至比民主黨更為極端。1993 年塞國國會大選時,該黨堅持極右派路線,贏得百分之五點一的選票、取得七席,並加入社會黨領導的政府。

4. 新民主黨 (Nova Demokratija, ND):於 1990 年由前塞爾維亞社會主義青年組織改組而來,為民主行動聯盟重要成員。1994

年2月，退出聯盟並宣布支持社會黨政府。

5. 塞爾維亞激進黨 (Srpska Radikalna Stranka, SRS)：1991 年
2 月建黨，係一個擁護大塞爾維亞主義、強調領袖重要性的準法
西斯政黨。塞爾維亞在克羅埃西亞和波士尼亞內戰的軍事行動，
該黨亦涉足其中。1992 年選舉僅次於社會黨，1993 年終止與社會
黨合作。

1994 年 4 月，塞爾維亞激進黨解散其軍事性質的組織——塞
爾維亞切特尼克(即義勇軍之意)行動 (Serbian Chetnik Movement)，
該組織成立於 1990 年 7 月，以二次大戰期間塞族游擊隊為名。
1991 年至 1992 年克羅埃西亞內戰中，該組織被控犯下種族屠殺
的罪行，惡名昭彰。1994 年塞爾維亞激進黨主席謝協義 (Vojislav
Seselj) 因在國會施暴被塞國政府判處緩刑，但一星期後再犯而被
判處四個月的監禁。

6. 塞爾維亞統一黨 (Partija Srpskog Ujedinjenja, PSU)：係一
極端民族主義政黨，1993 年 12 月選舉前在米洛塞維奇的支持下
創立，其目的在藉以抗衡塞爾維亞激進黨。其黨魁與克羅埃西亞、
波黑境內血腥暴行牽連極大。1993 年選舉，塞爾維亞激進黨的表
現超乎預期的好，該黨無法發揮制衡作用。

7. 人民國會黨 (Narona Saborna Stranka, NSS)：1995 年 1 月
創立，為塞爾維亞民主行動聯盟重新改組而成。塞爾維亞民主行
動聯盟最初是在 1992 年 5 月由各反對黨，包括塞爾維亞復興運
動黨 (SPO)、民主黨與新民主黨組成聯盟方式出現。1992 年 12 月
選舉前夕，塞爾維亞民主黨分裂出來加入聯盟。但是民主黨離開

塞爾維亞行動黨，1994 年又有新民主黨出走，聲言加入內閣。
1992 年 12 月選舉，塞爾維亞民主行動聯盟贏得公民院二十個席
位，翌年塞國國會大選取得四十五席。然而隨著後來塞爾維亞復
興運動黨傾向右派而導致 1994 年 6 月十一名聯盟內非塞爾維亞
復興運動黨的干擾。七個月後，在前塞爾維亞民主行動聯盟主席
拉吉提奇 (Slobodan Rakitic) 的領導下，人民國會黨成立。

8.塞爾維亞復興運動黨 (Sprski Pokret Obnove, SPO)：係一
塞爾維亞民族主義團體,其目標與社會黨相去不遠。但是 1990 年
塞國選舉時，該黨被勒令封閉，其黨魁德拉斯科維奇 (Vuk
Draskovic) 鋃鐺入獄。該黨宣布抵抗聯邦和塞國議會。1993 年德
拉斯科維奇夫婦被控攻擊國會警衛人員而再度被逮捕。不過，米
洛塞維奇以一紙命令將其釋放，並撤銷告訴。塞爾維亞復興運動
黨是民主行動聯盟的一員，1992 年及 1993 年選舉時極力擁護大
塞爾維亞的主張，將鄰近塞爾維亞人居住的土地統一，並且反對
任何無法達成此一目標的波黑和平協定。該黨右傾的轉變使得民
主行動聯盟的溫和派出走，而進一步分裂。

9.共產黨暨南斯拉夫行動聯盟 (Savez Komunista-Pokret za
Jugoslaviju, SK-PJ)：常被稱為「將軍黨」，該黨是前南斯拉夫執政
黨內強硬派的殘餘勢力。米洛塞維奇的妻子米拉‧瑪珂維奇
(Mirjana, or Mira Markovic) 也曾是其中重要的成員。

10.南斯拉夫左派聯盟 (Jugoslovenska Levica, JL)：該聯盟於
1995 年中由塞國瑪珂維奇發起成立。瑪氏以幕後影響力和雙週刊
政治專欄聞名。該聯盟的前身為南斯拉夫共產主義者聯盟，以結

合前南斯拉夫共和國的社會主義政黨為目標。

11.佛依沃丁那匈牙利民主同盟 (Demokratska Zajednica Vojvodjannskih Madzara, DZVM)：創立於 1990 年，以維護佛依沃丁那地區匈牙利裔族群的權益為宗旨。1992 年 12 月選舉獲得聯邦議會公民院三個席次和塞國議會九個席次。1993 年 12 月共和國選舉，該黨減少四席。其黨魁曾透露佛依沃丁那支持自治的匈裔組織由匈牙利資助。後來，該黨分裂為兩派，一為支持佛依沃丁那爭取自治，另一派則主張與貝爾格萊德當局合作。

12.佛依沃丁那克羅埃西亞民主聯盟 (Demokratski Savez Hrvate u Vojvodini, DSHV)：成立於 1990 年，代表佛依沃丁那克羅埃西亞族群的利益並與佛依沃丁那匈牙利民主同盟密切合作。

13.科索沃民主聯盟 (Lidhja Demokratike Kosoves, LDK)：為科索沃地區阿爾巴尼亞裔主要的政黨，其黨綱是建立一個獨立與民主化的共和國。該黨抵制塞國選舉。

14.科索沃國會黨 (Partija Parlamentare Kosoves, PPK)：黨綱為躋身現代歐洲中心的自由主義政黨，僅次於科索沃民主聯盟的第二大黨地位，該黨也抵制塞國選舉。

15.科索沃基督教民主黨 (Kristiane-Demokratska Strankae Kosoves, KDSK)：成立於 1990 年，主要代表信仰天主教的科索沃阿族，但也有穆斯林成員。1995 年 7 月，其黨魁克拉斯尼奇 (Mark Krasniqi) 會晤阿爾巴尼亞政府高層時，強調民族統一的必要性。貝爾格萊德當局曾提出予科索沃自治為進行會談的條件，但是克拉斯尼奇堅持以國際仲裁和停止警察鎮壓為談判前提。

16.民主行動黨 (Partija Demokratske Akcije, PDA)：為科索沃、黑山、山札克、普列賽沃 (Presevo) 等地區的阿爾巴尼亞族穆斯林所組成。1993 年 12 月，與阿爾巴尼亞民主黨合作贏得兩席。該黨山札克的好戰分子不斷受聯邦當局的箝制，以走私軍火為由羈押黨員。

17.阿爾巴尼亞民主黨 (Demokratska Partija Albanaca, DPA)：1990 年成立，屬於阿族溫和派政黨。1993 年選舉，與普列賽沃的民主行動黨合作，取得塞國國會兩個席位。

18.黑山社會民主黨 (Demokrataka Partija Socijalsta Crne Gore, DPSCG)：其前身為黑山共產主義者聯盟，1991 年 6 月改為現名。1990 年在黑山共和國選舉中獲勝執政。主張建立統一、民主和現代化的南斯拉夫聯邦，各共和國享有充分權力，相互平等，實行自由選舉和市場經濟。1992 年 5 月選舉，該黨在黑山共和國議會佔有絕對多數的地位，在聯邦國會則名列第三大黨。1992 年 12 月選舉時，雖然落居第四，但在黑山共和國則仍有百分之四十四的多數地位。

19.黑山新社會黨 (Nova Socijalisticka Crne Gore, NSCG)：由馬克維奇於 1990 年創立的南斯拉夫改革力量聯盟演變而來。1992 年選舉後，人民黨內主要派系與黑山社會黨合組新社會黨。1993 年加入聯邦聯合內閣。

20.人民黨 (Narodni Sloga, NS)：為泛塞爾維亞極端民族主義政黨，主張黑山必須維持與塞爾維亞的聯盟關係。1992 年黑山共和國選舉，該黨取得百分之十三的選票支持，獲得四席。

　　《南斯拉夫聯盟共和國憲法》　規定聯邦國會 (Savezna Skupstina) 為兩院制，包括共和國院 (Vece Republika) 以及公民院 (Vece Gradjana)，兩院議員任期皆為四年。此外，塞爾維亞和黑山兩個共和國亦各有議會，議員任期也是四年。共和國院成員四十人，塞爾維亞和黑山兩個共和國各二十名代表，各共和國代表依其議會政黨所佔比例來分配。公民院議員一百三十八名，其中塞爾維亞一百零八席、黑山三十席。塞爾維亞的公民院議員產生方式是單一選區多數制和比例代表制參半；黑山則是六席由單一選區多數制決定，其餘依照比例代表制選出。2006 年頒布新憲法改為一院制國會。

表 16：南斯拉夫聯盟共和國 1992 年公民院選舉結果

政　　黨	席　　次
塞爾維亞社會黨	47
塞爾維亞激進黨	34
塞爾維亞民主行動聯盟	20
黑山社會民主黨	17
民主黨	5
人民黨	4
佛依沃丁那匈牙利民主同盟	3
佛依沃丁那聯盟	2
佛依沃丁那改革民主黨 (RDSV)	1
其他獨立人士	5
總　　計	138

表 17：南斯拉夫聯盟共和國 1996 年公民院選舉結果

政　黨	席　次
塞爾維亞社會黨 南斯拉夫左派聯盟 新民主黨	64
聯盟*	22
塞爾維亞激進黨	16
黑山社會主義者民主黨	20
人民黨	8
佛依沃丁那匈牙利民主同盟	3
佛依沃丁那聯盟	2
黑山新社會民主黨	1
山札克黨 (LS)	1
民主行動黨	1
總　計	138

* 聯盟由塞爾維亞公民聯盟、民主黨、塞爾維亞民主黨和塞爾維亞
　復興運動黨組成。

表 18：1993 年南斯拉夫聯盟共和國院分配狀況

政　黨	席　次
塞爾維亞社會黨	12
塞爾維亞激進黨	10
黑山社會民主黨	18
總　計	40

　　從 1992 年和 1996 年二次國會大選中，很明顯可以看出南聯
盟建立後政治發展所顯示的特點：

　　其一，由共黨「一黨專政」走向多黨競爭的格局。任何一個

政黨已無能為力可在政治舞臺壟斷一切政治資源，反對黨或群眾力量足以發揮制衡作用，執政黨不再膽大妄為，弄虛作假。塞爾維亞共和國於 1996 年 11 月舉行地方選舉時，反對黨在十四個城市贏得勝利，但執政的社會黨不認輸，反而認定選舉無效。隨即反對黨發動長達三個月馬拉松式的示威抗爭，在國際社會的壓力下，國會最終不得不承認反對黨獲勝。

其二，由共黨蛻變而來的社會黨因接受前南斯拉夫得天獨厚的政治資源，仍可維持一定程度的實力左右政局。1992 年和1996 年兩次大選中，塞爾維亞社會黨與黑山社會民主黨在公民院所佔席位，均名列塞爾維亞和黑山共和國第一大黨地位。

其三，揭櫫濃厚民族主義色彩的政黨互別苗頭，異乎常態，與其他中、東歐國家迥然有別。在大塞爾維亞主義的激盪下，新成立的政黨為了吸引選民，不得不順應民情，以民族利益為優先。如塞爾維亞民主黨、塞爾維亞激進黨、塞爾維亞統一黨、塞爾維亞復興運動黨、人民黨，以及佛依沃丁那和科索沃兩自治省的匈牙利裔和阿爾巴尼亞裔各自成立的政黨，均標榜相當鮮明的民族主義旗幟，僅是有極端激進與較溫和的區別而已。這種過度強調民族主義的政黨各據山頭，進行惡性鬥爭，顯然有害政黨政治的良性發展。

客觀而論，1990 年代南聯盟的政治發展深受二項因素所左右，即民族主義和領導人特質。前者，由於前南共長期「一黨專政」，鎮壓異己，使民族主義者不敢貿然輕舉妄動，但前南斯拉夫聯邦體制的安排，係依境內主要民族分布劃分行政區域，又給予

民族主義者某些活動空間，一旦聯邦政治走向多元化，民族主義乃有機可乘，揭竿而起，「小民族」主義者如斯洛文尼亞、馬其頓、科索沃阿爾巴尼亞族等，要求分離、獨立自主；「大民族」主義如塞爾維亞則主張「塞爾維亞民族大聯合」，擴大其應有的影響力。「小民族」主義見到「大民族」主義野心勃勃，心有疑懼，乃決心把握機會，擺脫控制；「大民族」主義眼見「小民族」主義紛紛出走，版圖縮小，乃以國家主權不容挑戰為由，企圖以武力鎮壓，民族間的血腥衝突油然而起。

至於後者，政治人物欲想捭闔縱橫、在政壇上嶄露頭角，除了要善解社會脈動之外，也得要精諳謀略。前南斯拉夫解體前後，在政壇上活躍的政界領袖，幾乎都懂得掌握民族主義情結，乃是最可資運用的籌碼，靠著民族主義而崛起；其中以米洛塞維奇的謀略高人一等，他不但老謀深算，善用人民矛盾心理，因勢利導，累積政治資源，而且有一位賢內助瑪珂維奇在背後運籌帷幄，使米洛塞維奇得心應手，步步高升。最引人側目者，米氏膽敢貿然挑起危機，然後假借捍衛塞爾維亞利益之名，來團結塞族，名利雙收，一方面塑造自己成為「民族英雄」，另一方面即可鞏固其權位；對國際社會試圖馴服或羞辱他的行動，米氏也擅長洞察其中矛盾與分歧而善加利用，致使國際社會手忙腳亂，疲於奔命；米氏夫婦更有志一同，通曉如何順應內外在因素，乘機操縱權力，進而滲透或收買反對黨。

基此，在南斯拉夫解體前後，一向被視為造成巴爾幹爭端的幕後黑手，就是分裂後出任塞爾維亞共和國總統的米洛塞維奇。

這位大塞爾維亞主義者在面對四面楚歌，遭受國際社會嚴苛的孤立情況下，不得不改弦更張，重新規劃戰略目標，乃以「和平睦鄰，重返國際社會」作為政策取向主軸。1995 年起，貝爾格萊德政府乃一改過去 「我行我

圖 58：米洛塞維奇 （左） 與其夫人米拉·瑪珂維奇

素」，不避諱支持大塞爾維亞主義的立場，轉而面對現實，採取務實態度，願意與國際社會配合，逼迫波黑塞族走上談判桌，使巴爾幹危機有了重大轉折。

　　最關鍵性的變化，即 1995 年 11 月 1 日，塞爾維亞、克羅埃西亞和波黑等三方在華府安排下，於美國俄亥俄州岱頓市展開和平談判，歷時三週的協商總算達成協議。這個決定波黑命運並促使南聯盟擺脫制裁的所謂《岱頓協定》，同年 12 月 14 日隨即在巴黎正式簽署。除了塞、克和波黑等三個當事國總統出席簽字外，美、法、英、德、俄等國領袖也以共同促成和談身分參與簽字，以示該和平協定更具有約束力。1996 年 9 月，波黑舉行大選後，根據 《岱頓協定》，南聯盟與波黑建交，相互承認；隨後，是年 10 月 1 日聯合國安理會一致通過協議，取消為時四年餘的制裁。

圖 59：被列為戰犯而受審的米洛塞維奇　2002 年 10 月 2 日，克羅埃西亞總統梅西奇（上）出席海牙法庭，作證指控米洛塞維奇（下）挑起戰爭威脅。米氏生於 1941 年，1986 年成為塞爾維亞共產黨總書記。他利用南斯拉夫科索沃自治省中，佔人口少數的塞族人對阿爾巴尼亞族統治者的不滿，煽動大塞爾維亞民族主義情緒，從而贏得了塞爾維亞民眾的信任。1989 年米洛塞維奇當選為塞爾維亞總統。1997 年 7 月，米洛塞維奇由塞爾維亞總統轉任南斯拉夫共和國聯盟總統。

　　綜觀後共產主義時期巴爾幹國家的政局發展，特別是南聯盟的經驗，證明民族主義越高漲，非但阻礙民主化的進展，而且邁向市場經濟的改革進程也受到拖累。同時，政治領袖越執意利用民族主義情結，反而宛如火上加油，把國家帶到更危險的境地，招來國際社會的制裁，得不償失。前南斯拉夫因民族主義而解體，現在的南聯盟也因民族主義加上國家領導人玩世不恭的特質，又遭遇北約轟炸和再度分裂的命運。

第二節　南聯盟民選總統誕生

　　塞爾維亞社會黨領導人米洛塞維奇，在他擔任塞爾維亞共和國總統時介入波黑衝突在先；在他轉任南聯盟總統又挑起科索沃殘酷鎮壓阿爾巴尼亞族反抗事件於後，致使他獲得「大塞爾維亞主義」幕後鼓吹者和迫害人權的獨裁者等惡名。正因為他從政迄2000年，所作所為，對巴爾幹地區的穩定與和平引爆嚴重的負面發展，海牙國際戰爭罪犯刑事法庭已正式把米氏列為戰犯，準備繩之於法予以審判。同時，歐洲聯盟和北約組織也不約而同表示，米洛塞維奇必須下臺，使南聯盟走向民主化，是西方國家提供類似《馬歇爾計畫》重建巴爾幹的先決條件。

　　南斯拉夫在科索沃戰爭後因為獨裁者米洛塞維奇的因素，受到西方社會的孤立，政治民主化方面自然是跟不上其他國家的腳步，整個南斯拉夫在米氏的操控下搞得烏煙瘴氣，經濟方面受到西方的禁運，更是苦不堪言。因此2000年的9月24日是舉世矚目的南聯盟總統及國會大選，西方國家對南聯盟投以關注的眼神。

　　為了這次的總統大選，米氏動了一些手腳，按照南聯盟的憲法慣例，國家元首由塞爾維亞族和黑山族擔任，米氏在任期即將結束之際，基於其獨裁野心，乃於2000年7月6日修改憲法，其總統選舉改為人民直接選舉。9月24日南聯盟舉行總統、聯邦國會以及地方議會三合一選舉，候選人共五位，其中以十九個團體共組的「塞爾維亞在野民主陣營」(DOS) 聯合支持的候選人柯斯

圖尼查 (Vojislav Kostunica) 呼聲最高，為原總統米洛塞維奇強勁
對手。9月25日，南聯盟選舉結束，投票率為六成四，米洛塞維
奇支持及反對兩方皆宣稱獲勝，官方統計結果最快26日公布，若
無人獲得過半數的選票，得於10月8日舉行第二輪選舉。9月
26日，塞爾維亞社會黨的米洛塞維奇得票率為百分之四十點二
三，在野民主陣營的柯斯圖尼查為百分之四十八點二二，雙方得
票率均未過半數，選委會表示仍須在10月8日舉行第二輪決選。

表 19：2000 年南聯盟總統大選各候選人基本資料表

候選人	年齡	所屬政黨	主要政見	備　註
米洛塞維奇	60	塞爾維亞社會黨	振興南斯拉夫經濟，堅持塞爾維亞人尊嚴	曾任總統，已執政達13年
柯斯圖尼查	56	中間偏右民主黨	提出關心南斯拉夫、改變南斯拉夫；主張民主與自由經濟	其代表18個政黨所組成的民主反對聯盟
米哈伊洛維奇	49	塞爾維亞復興運動黨	重建南聯盟經濟，尊重社會多元，建立民主法治	曾任貝爾格萊德市長
尼科利奇	56	塞爾維亞激進黨	強化塞爾維亞民族主義，收復科索沃主權	獨立競選
維多伊科維奇	53	塞爾維亞激進黨	強調南聯盟主權完整	曾任塞爾維亞激進黨副主席

資料來源：作者自行整理

表 20：南聯盟 2000 年 9 月 24 日公民院選舉結果

政　黨	席　次
塞爾維亞社會黨 南斯拉夫左派聯盟 新民主黨	72
聯盟	59
塞爾維亞激進黨	3
獨立人士	4
總計	138

表 21：2000 年南斯拉夫聯盟共和國院分配狀況

政　黨	席　次
塞爾維亞社會黨、黑山社會主義人民黨等左派聯盟	27
反對黨組成的民主聯盟	10
獨立人士	4
總計	40

資料來源：作者自行整理及參考 http://www.klipsan.com/results.htm

　　9 月 27 日， 南聯盟總統米洛塞維奇不顧國際及國內反對聲浪，宣布將參加決選；而柯斯圖尼查則聲稱已獲得過半數選票，拒絕第二輪決選，並要求重新驗票，但遭選委會拒絕。晚間反對黨聯盟號召超過二十萬名南斯拉夫群眾，在首都貝爾格萊德市中心舉行大規模反米洛塞維奇集會，反對舉行第二回合決選，並揚言發動全國大罷工，迫使米氏下臺。9 月 28 日，選委會公布總統大選最後正式結果，米洛塞維奇得票率為百分之三十八點六二；柯斯圖尼查得票率為百分之四十八點九六，由於兩人得票率均未過半數，得於 10 月 8 日舉行第二回合投票決定勝負。

9 月 29 日南國民眾響應反對黨號召，展開五天的大規模抗議集會暨全國大罷工，迫使米洛塞維奇下臺，不過米氏不為所動。9 月 30 日歐盟執委會主席普洛迪聲稱，歐盟正擬解除對南國制裁，並重建南國基礎建設。俄國總統普廷則表示反對南聯盟瓦解，在南聯盟政府同意下，將派遣外長伊凡諾夫赴貝爾格萊德，進行調解，但遭米氏回絕。10 月 1 日北約組織及西方情報網密切監控所有飛離貝爾格萊德的飛機，因有消息傳出，米氏可能逃亡中國。此外，南聯盟反對黨發動民眾抵制政府機構。

10 月 2 日俄國支持南聯盟第二回合決選，另外，貝爾格萊德罷課罷工越演越烈，周圍城鎮交通癱瘓。10 月 4 日南斯拉夫全民抗議活動擴大，國營事業員工加入怠工，軍、警方警告將採鎮壓行動。10 月 5 日南聯盟憲法法庭裁定 9 月 24 日總統選舉無效，引發美、英、及歐盟嚴厲譴責，俄國為此重申願意協助斡旋解決此次危機。南聯盟示威群眾攻佔國會大樓，要求米氏限時下臺。10 月 6 日反對黨陣營成功控制首都貝爾格萊德，並開始籌畫危機委員會掌管政權，憲法法庭此時裁定柯斯圖尼查當選總統。10 月 7 日總統當選人柯斯圖尼查在軍方支持以及前總統米洛塞維奇公開承認敗選並致賀下，正式宣誓就任總統。2001 年 6 月，米洛塞維奇終於被送往海牙國際刑事法庭受審，而於 2006 年 3 月 11 日在監獄中病故。

南聯盟總統大選所顯示的意義為：

1.民主終必戰勝獨裁：東歐前社會主義國家和平演變的經驗，民主潮流不可逆轉，羅馬尼亞 1989 年「十二月革命」，即使

嘗試動用武力，也無法阻止羅國人民追求民主的決心，最終把獨裁者齊奧塞斯庫政權推翻；南聯盟的「十月革命」，以和平的手段，迫使奉行共產主義的米洛塞維奇下臺，足以證明民主終必戰勝獨裁。

2.內部和平過渡比外力軍事干預更為有效：北約歷時七十八天以武力攻擊南聯盟，並沒有逼迫米洛塞維奇立即垮臺；可是，此次南聯盟首次的總統直接民選，僅僅一個星期內，靠著經由組織動員的人民力量，隨即迫使米氏就範，承認敗選。

3.國際社會輿論的壓力有效發揮牽制作用：南聯盟此次總統大選之所以有驚無險，米氏不至於有恃無恐，動員其長期掌控的軍警部隊鎮壓反對勢力，乃因國際社會、巴爾幹周邊國家以及俄羅斯聯手呼籲促使貝爾格萊德當局尊重人民意志的選擇，發揮國際輿論的制衡力量，以及國際社會承諾，只要南聯盟走向民主即可解除禁運和提供經援，無形中為反對勢力注入強心劑，增強其抵制第二輪選舉的決心，使反對力量更加凝聚團結，形成一股勢不可擋的「和平革命」。

4.學生、工人和教會「三位一體」的結合，是共黨政權倒臺的致命傷：共產黨的看家本領是將無產階級的工人作為其擁護力量，吸收青年學生納入共青團作為先鋒隊，培植幹部；在無神論的指針下，分化宗教、瓦解教會在社會上的領導地位。不過，觀之東歐共黨政權的和平演變，學生和工人的團結，加上教會公開的聲援，隨即敲響共黨喪鐘，波蘭、捷克就是明證。此次南聯盟的十月革命，東正教站在反對黨這一邊，予以支持，學生又四

處奔走串連加入示威行列，工人伸出援手以罷工為手段，癱瘓全國政經運作，終於逼迫米氏交出政權，又證明學生、工人和教會「三位一體」的合作是把共產黨推入歷史灰燼中的主力。

第三節　首要解決經濟問題

在前社會主義國家當中，最早引進市場機制，採行計畫經濟和市場經濟兼備的國家是前南斯拉夫。1948 年狄托與史達林關係決裂後，從 1950 年代起，這個巴爾幹多民族國家就開始進行經濟改革，一時使所謂的「市場社會主義」(Market Socialism) 引起西方世界的側目。唯這種「南斯拉夫模式」的改革，僅是在社會主義的架構內運用一些市場機能，仍跳不出意識形態和「一黨專政」的窠臼。要不是狄托適時把握東西方冷戰時機，與印度、埃及共同倡導不結盟運動，左右逢源，相當程度得到西方國家的貿易優惠，但其績效也是極其有限的。依據 1985 年世界銀行的統計資料，當時南斯拉夫國民平均所得也才二千零七十美元，還遠不如捷克斯洛伐克、保加利亞和羅馬尼亞等鄰近國家。可見老是堅持社會主義道路而不徹底進行政經改革，終告事倍功半，無法突破難關。再者，歷史經驗證明，任何一個國家涉入戰爭事端，又飽受國際社會孤立，其經濟勢必一蹶不振，不可能指望步上正常發展，南聯盟即是最明顯的例證。

當南斯拉夫解體，貝爾格萊德政府曾雄心勃勃企圖如法炮製仿效俄羅斯，繼承前南斯拉夫的國際法人地位，可是，兩者畢竟

不可相提並論。蘇聯解體時，俄羅斯繼承蘇聯的國際法人地位，其最主要的理由，除了俄羅斯仍可擁有前蘇聯四分之三以上的領土和二分之一強的人口外，克里姆林宮還掌握足以毀滅世界的核武庫。因此，俄羅斯承襲聯合國安全理事會的常任理事國席位，儘管其經濟體制轉軌不很順利，問題繁多，但資源豐富深具發展潛力，始獲邀加入「七大」工業發達國家俱樂部，參與每年定期舉行的「經濟高峰會議」。反觀南斯拉夫解體之時，塞爾維亞和黑山所組成的「南斯拉夫聯盟共和國」，其所擁有的領土僅是前南斯拉夫土地面積的四成和人口的四成五左右，境內資源遠遠不如俄羅斯。準此以觀，南聯盟在這種內外條件不足，再加上外在條件因巴爾幹戰火蔓延，導致國際社會的抵制，使其活動發展空間受到嚴峻的約束。在如此惡劣的主客觀環境下，南聯盟的經濟困境不言可喻。

1993 年 10 月 1 日，南斯拉夫銀行開始發行新第納爾，把舊第納爾去掉六個零，到了 1993 年 12 月，曾發行過面值五百億和五千億元的鈔票。再加上石油禁運的重擊（南聯盟自產石油只能滿足正常需求的五分之一），交通工具寸步難行、工廠停擺，公路上行車也不多見，《貝爾格萊德晚報》形容，南聯盟大難當頭，「苦難和飢餓開始敲每個家庭的大門」，全國陷入因戰爭波及的大災難。總之，巴爾幹的民族衝突所付出的代價，據官方統計顯示，國際社會對南聯盟的制裁使得南聯盟蒙受的經濟損失高達一千四百七十多億美元。加上南聯盟政府為了支援波黑境內的塞族同胞，每年需花費國民收入的五分之一——四十到五十億美元投入戰

爭。巨大包袱使得經濟情勢日益嚴峻。

　　貝爾格萊德政府面對日益惡化的經濟情勢必須集思因應對策，乃於 1994 年 1 月和 1995 年 2 月，先後頒布二項促進經濟穩定的綱領。前者，即所謂「改造貨幣體制、復甦經濟戰略」的新經濟綱領，其主要目的著眼於抑制通貨膨脹和削減開支、控制貨幣發行、改革稅制為重要手段。後者，延續前者，又稱第二號綱領，旨在開放外貿市場、開放物價、取消進出口配額和限制、進口關稅降低百分之十至百分之二十、貶值第納爾、企業可自由兌換外匯等。南聯盟 1992 年 7 月至 1993 年 8 月，短短一年間，貨幣曾先後有過六次貶值的波動，社會人心惶惶。經由這二個關鍵性的因應措施，顯然地，南聯盟每況愈下的經濟始得起死回生，惡性通貨膨脹得到控制，生產逐步緩慢回升，貨幣改革後的新第納爾也漸趨穩定。自 1994 年起，南聯盟的經濟成長有明顯起色，但貝爾格萊德當局仍存在諸多亟待克服的難題。其中最突出的問題，舉凡資金嚴重不足，受國際社會制裁，致使本來的市場與貿易伙伴中斷關係，原有的工廠設備老化與技術落後，以及經濟結構已無法適應目前的國際經濟競爭環境等等。

　　此外，此次南聯盟政權和平轉移，受到西方國家高度的肯定及支持。甫就任南聯盟總統的柯斯圖尼查於 2000 年 10 月 8 日即應邀前往法國度假勝地比拉此參加歐盟非正式高峰會議。隨即，歐盟宣布解除對南聯盟的石油禁運和禁飛等制裁，同時承諾提供兩億歐元幫助其重建。此外，歐安組織也聲明，邀請南聯盟加入會員。準此，西方國家已重新接納南聯盟，並向其表示善意，願

意幫助南聯盟度過難關。

　　南斯拉夫因 1998 年科索沃問題
而與北大西洋公約組織國家關係緊
張，後於米洛塞維奇下臺後，南國與
北大西洋公約組織及歐盟國家之關係
業已逐漸改善。南聯盟邁向民主有助
巴爾幹穩定並符合歐洲人民利益。

　　從南聯盟政局種種跡象顯示看
來，民主總算在貝爾格萊德取得劃時
代的勝利，基於南聯盟自身利益和巴

圖 60：柯斯圖尼查

爾幹地區的和平與穩定，柯斯圖尼查領導的新政府顯然肩負重責
大任，歐洲社會當然基於整個歐洲的和諧，樂於伸出援手，助一
臂之力，使南聯盟民主化轉型步上坦途，欣欣向榮。

第四節　黑山共和國的選擇

　　波黑在聯合國維和部隊監督下，動亂雖暫告解除，但是民族
之間的仇恨卻是冰凍三尺非一日之寒，猶待假以時日在國際社會
制約的情況下始能轉趨緩和。此外，《岱頓協定》的介入迫使境內
各民族接受維和部隊的安排，但是三年的打打殺殺，總是需要一
段時間去適應。然而，就經濟因素而論，國際社會所要救助波黑
的金援，至跨過千禧年仍只見一小部分，剩下的一大部分還是未
見蹤影。

　　1992 年 4 月塞爾維亞與黑山的七十三名前南斯拉夫聯盟共和國議員在未達法定人數，又未經公開討論的情況下，匆促通過塞、黑兩共和國組成南斯拉夫聯盟共和國的憲法。這部憲法與塞、黑兩共和國憲法多所衝突。例如有關邊界與領土的問題，《聯盟憲法》第七十八條規定聯盟議會決定南斯拉夫聯盟共和國任何疆域的變更。而《黑山共和國憲法》明訂共和國地位、政府型態或疆界的任何異動均須由公民投票的方式來決定。《塞爾維亞共和國憲法》則指出界定與捍衛塞爾維亞主權、獨立以及領土完整，由此可見，兩個共和國均排除《聯盟憲法》對領土的主權。

　　又如國防問題，三部憲法之間存有極大落差。根據南國《聯盟憲法》，防衛南斯拉夫聯盟是所有公民的權利義務。《塞爾維亞共和國憲法》重複這項條文，不過對於塞爾維亞的防衛方面則加上「任何人包括政府、總統都無權承認、簽字或接受塞爾維亞或其任何部分的投降。」《黑山共和國憲法》則對黑山或南斯拉夫聯盟的國防問題隻字未提。這似乎意味著南斯拉夫戰敗，可以割讓黑山而不能動到塞爾維亞。與這樣缺乏合作誠意面對面有平等地位的聯盟關係，實際上小國寡民的黑山早就想自己當家作主。

　　1991 年 10 月，歐體調停南國衝突時建議各共和國簽署草約組成鬆散的邦聯組織以解決分裂危機。黑山政府本已簽字同意，但在米洛塞維奇的壓力下，黑山總統布拉托維奇撤銷簽字。1992 年 1 月塞、黑兩國決定修改聯盟關係，當時克羅埃西亞和斯洛文尼亞早已退出聯邦，隨即波黑爆發內戰。黑山共和國國會建議採行邦聯模式，亦即南斯拉夫聯邦總統的寶座由塞爾維亞和黑山每

六個月輪值一次。唯貝爾格萊德當局再度施壓，迫使黑山軟化立場，屈從塞國。塞爾維亞以其面積是黑山六點五倍大、人口十六倍多的優勢迫使黑山就範。

然而，隨著國際社會長達數年的經濟制裁措施，黑山經濟亦受到拖累，陷入困境。連執政黨決策要員之一的武科維奇 (Miodrag Vukovic) 都表示黑山有參加國際組織的權利。黑山副總理德列維奇 (Slavko Drljevic) 也大力反對塞爾維亞漫無節制地發行貨幣。儘管如此，布拉托維奇仍緊緊跟隨著塞爾維亞社會黨的腳步，唯米洛塞維奇馬首是瞻。可是，布拉托維奇堅持繼續留在南聯盟的主張受到黑山總理久卡諾維奇的挑戰。布拉托維奇雖然先發制人在 1997 年 8 月於可拉辛 (Kolasin) 舉行黨大會並獲提名為總統候選人，但是，久卡諾維奇已有效掌握到執政黨內派系的支持，使得布拉托維奇屈居下風。

在兩派鬥爭期間，貝爾格萊德當局無所不用其極支持布拉托維奇的舉動，反遭波多戈里察 (Podgorica) 當局斥為干涉黑山內政，更招來群眾示威，而適得其反。是年 10 月，黑山總統大選，久卡諾維奇當選總統，當北約對南聯盟進行懲罰性空中打擊時，黑山也蒙受其害。為此，這位親西方的久卡諾維奇總統即毫不掩飾的公開表示，定於 2006 年前舉行公民投票來決定其國家定位。

在 2000 年 9 月 24 日的國會與總統大選看來，黑山脫離聯盟漸趨明朗，勢必衝擊到南聯盟的維繫。

2002 年 3 月 14 日，塞爾維亞和黑山共和國在首都貝爾格萊德簽署協議，決定成立一個新的聯盟，取代南斯拉夫聯盟共和國。

新的聯盟改稱為「塞爾維亞與黑山」，聯盟內的雙方很大程度上享有自主，而中央政府集中處理國防和外交兩方面的問題。南斯拉夫總統柯斯圖尼查說，新的協議意味著塞爾維亞和黑山兩國之間關係的新開始。

　　而此次會議是經過歐洲聯盟長時間斡旋協助雙方才能達成協議的。新協議於 2003 年 2 月 4 日經由塞爾維亞和黑山共和國雙方議會通過《塞爾維亞和黑山憲法憲章》，改國名為「塞爾維亞和黑山」，並容許黑山在三年後舉行公民投票來決定黑山的前途。2006 年 5 月 21 日黑山就國家獨立舉行了公民投票，以百分之五十五點四的民意支持通過歐盟所要求的門檻。同年 6 月 3 日黑山議會正式宣布獨立，6 月 28 日黑山成為聯合國第一百九十二個會員國。2007 年 10 月 19 日黑山共和國改國名為「黑山」，實行一院制國會，共有八十一個議席，由直選產生。

圖 61：黑山國旗　黑山這個東南歐以公投方式和平誕生的新國家，其國旗恢復前黑山王國的旗幟，為紅底鑲金邊，中間為雙頭鷹國徽來顯示其歷史傳統。

第五節　國際正義關切下的科索沃獨立運動

科索沃獨立之前，原屬前南斯拉夫社會主義聯邦共和國內兩個自治省之一，1980 年南斯拉夫總統狄托去世，隨後，南國領導中心鬆動，聯邦體制開始動搖。1989 年甫就任塞爾維亞共和國總統的米洛塞維奇，由於他揭櫫大塞爾維亞主義，乃引起聯邦體制成員疑懼，面臨分裂危機。當時米洛塞維奇大權在握，毫不在意狄托所精心設計的 1974 年新憲法，對聯邦權力結構，由境內各族群共同分享的安排，反其道而行，自行修改《黑山共和國憲法》，取消科索沃自治省地位，遂引發科索沃動亂的導火線。

科索沃境內阿爾巴尼亞族眼見原本享有與聯邦共和國同等地位的自治省，於 1990 年 7 月，塞爾維亞共和國議會正式宣布解散要求分裂的科索沃議會，改成行政區，而引起阿族不滿。1991 年 3 月，科索沃阿族自行發表〈獨立宣言〉，宣布建立科索沃共和國。從此，科索沃開啟了將近二十年的獨立運動鬥爭。

綜觀科索沃的獨立運動過程，不由得令人感受到，一來「人權高於主權」的基本價值居然在這個貧窮落後的地區獲得實踐，進而挽救科索沃獨立生機；二來國際法庭審理科索沃獨立是否合法的諮詢意見，形同助科索沃一臂之力，國際正義得以伸張，排除其邁向獨立大道的障礙。本節擬集中在上述這兩個頗令國際社會關注的焦點，來申論國際正義形塑下科索沃獨立模式的內涵，並提出若干觀察。

一、科索沃獨立背景

　　2010 年代歐洲又出現一個嶄新而獨立的國家，就是 1990 年代初南斯拉夫解體以來備受國際社會同情的科索沃。這個位處巴爾幹的蕞爾小國，東、北面與塞爾維亞接壤，南臨馬其頓，西南面與阿爾巴尼亞毗鄰，西北為黑山，面積一萬零八百八十七平方公里，人口約兩百萬，其中阿爾巴尼亞族約佔百分之八十八、塞爾維亞族百分之七、黑山族百分之一點九、羅姆人（俗稱吉普賽）百分之一點七、土耳其裔百分之一和少數的哥拉尼人等六個族群。科索沃國旗係參考了歐洲聯盟旗幟而設計，使用藍底、黃色、五角星。黃色的圖案是科索沃的國土形狀，六顆白色五角星代表國內的六個民族。顯然，普里斯提納 (Pristina) 當局刻意安排，希望

圖 62：科索沃國旗

圖 63：科索沃地圖

有朝一日科索沃融入歐洲，成為歐盟的一員。

巴爾幹半島長久以來，由於民族主義高漲，導致南斯拉夫解體，原本僅有自治省地位的科索沃，也想步其他加盟共和國後塵，走向獨立。1991～1999年間，阿塞兩族衝突愈演愈烈，乃引起國際社會的關注，最終迫使北大西洋公約組織武力干預，才緩和緊張，而提供科索沃走向獨立的客觀環境。出乎意料，原南斯拉夫六個共和國兩個自治省之中，科索沃居然成為第七個獨立的共和國。

科索沃之所以成功實現獨立的願望，具體而言，科索沃的獨立有其主客觀因素。就主觀因素來看，其一，科索沃境內阿族佔絕對優勢，有堅定的獨立意志；其二，曾遭塞族長期壓迫，建設落後，凝聚強烈憂患意識；其三，周邊鄰國阿族助長聲勢，同仇敵愾；其四，因地緣政治關係，使科索沃在巴爾幹的戰略地位愈顯重要。再就客觀因素來看，其一，南斯拉夫的解體，各共和國紛紛獨立，而提供科索沃獨立的良機；其二，1990年代遭塞族武力清洗，人權受蹂躪，獲得國際社會同情；其三，境內維和部隊一萬六千餘人，聯合國託管保護；其四，獲得美國歐盟鼎力支持，更幫助科索沃實現其國家獨立的目標。

二、人權高於主權，國際社會伸張正義

科索沃邁向獨立之路，並非一帆風順，實際上也付出相當高昂的代價。謹就下列三方面的發展可窺見一斑。

首先，就科索沃問題國際化來看，一方面阿族為使科索沃的

獨立更具有正當性和合法性，1991 年 9 月舉行獨立公投，據普里斯提納所公布的資料，該項公投投票率高達 87%，其中 99% 贊成科索沃獨立，贏得壓倒性支持，藉此來升高要求獨立的聲勢；另一方面利用塞爾維亞總統米洛塞維奇武裝鎮壓的行徑，所造成的難民潮向國際社會求援，致使科索沃問題國際化。根據媒體披露和大批難民的證實，塞族軍警幾近對阿族進行種族清洗，如同波黑內戰翻版；在國際輿論和政界領袖的呼籲下，如波蘭民主化後第一任總理馬佐維耶茨基 (Tadeusz Mazowiecki)，當時銜命擔任聯合國協調波黑衝突高級代表，以及捷克總統哈維爾 (Vaclav Havel) 均異口同聲，援引聯合國通過的《經濟、社會暨文化權利國際公約》(第 1、2、3 條)、《公民暨政治權利國際公約》等兩項國際人權法典的精神，主張「人權高於主權」，才導致 1999 年 3 月 24 日北大西洋公約組織決定發動空襲，以戰逼和，在長達七十八天的轟炸下，迫使塞軍同意從科索沃撤出軍隊，始結束一場血腥的種族滅絕行動。為「人權高於主權」的軍事干預創下先例。

其次，就國際社會介入調停來看，在科索沃問題國際化的情況下，國際社會也得從長計議，為科索沃前途找出解決之道。因此聯合國成立科索沃臨時行政當局特派團 (UNMIK) 託管至 2008 年。從此，科索沃可說是實際上的獨立自治，若貝爾格萊德 (Belgrade) 當局重新接管，可能使衝突復燃。另外，大國紛紛插手巴爾幹半島，科索沃已成為俄羅斯與美歐相互較勁的焦點，在民族矛盾與大國利益相交織的情況下，雖然聯合國曾先後委託挪威和芬蘭評估情勢，或研擬科索沃獨立方案，仍然很難達致衝突

雙方的妥協，因此科索沃的獨立之路一波三折而延後多年。國際社會為了解決科索沃問題，自 2005 年起啟動談判機制，期望塞爾維亞和科索沃雙方和平解決分歧。芬蘭前總統阿赫迪薩里 (Martti Oiva Kalevi Ahtisaari) 銜命，居中斡旋，提出所謂《阿赫迪薩里計畫》，卻仍難奏功。

再其次，就《阿赫迪薩里計畫》來看，在 2007 年的 3 月對科索沃的獨立運動有了一項重大發展，即聯合國特使阿赫迪薩里提出科索沃最終政治地位草案，建議應該讓科索沃在國際社群的監督之下獨立。阿赫迪薩里草案中顧及科索沃多數人民的獨立意志，與科索沃北部少數塞爾維亞族群的權益，並且為了嚴防科索沃獨立之後可能進而與阿爾巴尼亞合併，使得巴爾幹的區域穩定受到破壞，這個方案在第一條的主要原則說明上，加入了科索沃不得與其他國家合併或結盟。顯然地，阿赫迪薩里以保障人權為出發，並以維護地區的和平與穩定為優先，權衡利弊，在他所研擬的計畫草案，還是提出讓科索沃獨立的建議。

三、國際法庭對「獨立」的判例

按國際法和慣例而言，獨立主要有三種方式：第一，依照國際法，在聯合國安理會決議的基礎上合法獨立；第二，透過關係各方協商，獨立後再謀求國際社會承認；第三，事實獨立，即使聯合國安理會不承認，但獨立一方獲得國際上大多數國家承認獨立，同時也是科索沃採行的方式。科索沃獨立事件移交國際法庭提供諮詢意見，這是史上首次片面自原來國土中分離的案例。過

去依照民族自決原則而獨立成功的新國家，都屬殖民地位性質，而科索沃的獨立經歷兩次公開宣布獨立。

為了維繫科索沃的和平與穩定，1999 年 6 月 10 日，聯合國安理會通過 1244 號決議，根據這一決議，科索沃由聯合國特派團管理，北大西洋公約組織領導的國際維和部隊提供安全保障，同時確認科索沃係塞爾維亞領土的一部分，貝爾格萊德當局為阻止國際社會對科索沃的承認，乃於 2008 年 10 月向聯合國大會提案，要求送交國際法庭仲裁，經聯合國大會七十七票支持，六票反對，七十四票棄權的微弱多數通過，移交國際法庭審理。

根據《國際法庭規約》第六十五條的規定，法院對於任何法律問題如經任何團體由《聯合國憲章》授權而請求，或依照《聯合國憲章》而請求時，得發表諮詢意見。第六十七條還指出，法庭應將其諮詢意見當庭公開宣告，並先期通知祕書長、聯合國會員國，及有直接關係之其他國家以及國際團體之代表。

國際法庭慎重其事，特邀約二十九國包括美、俄、德、塞、科等國際法專家參與程序聽證，集思廣益，原訂 4 月進行裁定，僅作模糊處理。可是國際法庭十四名法官，依法論法，以四票反對，十票贊成，宣判科索沃的獨立是合法，認為國際法中「並無禁止宣布獨立」的規定也不牴觸 1244 號的決議，創下國際法庭裁定獨立國家地位的判例。

此次國際法庭對科索沃獨立合法性的宣判，雖不具法律約束力，但卻顯示高度的象徵意義，不但為科索沃提升其在國際社會的地位鋪平道路，而且也可能啟發其他地區的獨立運動組織拿來

當樣板。看來，塞爾維亞阻止科索沃獨立訴求適得其反，貝爾格萊德求助國際法庭落空，反而成就科索沃贏得國際社會的同情和支持。總之，科索沃獨立之路已成定局，其已獲美國、歐盟二十二個會員國聲援，進一步敲開聯合國大門指日可待。

　　總體觀之，南斯拉夫的變局誠非歷史偶然，雖然國際社會原本基於地區的穩定因素，一再重申反對南斯拉夫的分裂。未料這個巴爾幹國家走向四分五裂乃時勢所趨，無法阻擋。1990 年代，斯洛文尼亞、克羅埃西亞、馬其頓和波黑透過獨立公投，而動搖南斯拉夫國本在先；其後，2010 年代，黑山和科索沃同樣也在國際社會不支持其獨立的狀況下，成功化解層層障礙，實現獨立建國的願望，使得殘餘的南斯拉夫再度分裂，南斯拉夫終於走入歷史。可見，一個國家追求獨立，還是要仰賴國民堅定的獨立意志。

Yugoslavia

附　錄

大事年表

1459	土耳其帝國佔領塞爾維亞。
1463	土耳其征服波士尼亞。
1468	斯坎德培死後阿爾巴尼亞淪於鄂圖曼統治。
1483	土耳其取得黑塞哥維那。
1514	謝里姆一世控制伊朗和美索不達米亞之外的阿拉伯世界，領土增加一倍以上。
1519	查理一世獲選為神聖羅馬帝國的皇帝，稱為查理五世。
1683	土奧戰爭，土耳其慘敗。
1684	奧地利、波蘭和威尼斯建立反土耳其之「神聖同盟」。
1686	俄國加入神聖同盟。
1687	奧軍陸續佔領匈牙利東部、斯洛文尼亞與貝爾格萊德等地。
1699	土、奧簽訂《卡爾洛維茨條約》，土耳其喪失許多領土，巴爾幹各族人民隸屬於奧匈帝國，此後俄國成為鄂圖曼的主要威脅。
1700	俄、土簽訂《伊斯坦堡和約》。
1782	俄、奧簽訂祕密協定，包含恢復以伊斯坦堡為中心的希臘帝國。
1786	俄、法締結密約，以求改善兩國關係。
1792	俄、土簽訂《雅西和約》，致使土耳其的勢力更形削弱。
1804	塞爾維亞起義反抗鄂圖曼統治。
1806	土耳其對俄宣戰。
1807	塞爾維亞起義，宣布向土耳其進攻。
1809	奧地利進行反法戰爭，結果奧國失敗。
1812	俄、土簽訂《布加勒斯特和約》，以期結束自 1806 年以

來斷斷續續的俄土戰爭。是年，法俄戰爭。

1813　土耳其趁拿破崙進攻俄國之際，鎮壓塞爾維亞人的起義，重新佔領貝爾格萊德。

1814　希臘人由希臘籍的俄國將軍領導起義。

1815　拿破崙兵敗滑鐵盧。

1821　希臘起義，但遭土耳其鎮壓。

1828　俄土戰爭。

1829　俄、土於亞德里安堡簽訂和約。

1830　成立自治的塞爾維亞公國。

　　　希臘獨立。

1831　土埃戰爭。

1848　泛斯拉夫主義大革命爆發。

　　　6 月，奧地利境內斯拉夫人於布拉格召開第一次代表大會，主要希望斯拉夫各民族皆能享有民族自主權。

1853　俄與英、法爆發克里米亞戰爭。

1856　克里米亞戰爭結果俄國戰敗，戰後由參戰國簽訂《巴黎和約》。

1859　羅馬尼亞的兩個公國摩爾多瓦與瓦拉幾亞分別在議會中舉行選舉。

1861　摩爾多瓦及瓦拉幾亞合併成為新的羅馬尼亞國家。但羅馬尼亞並未統一。

1866　塞爾維亞與黑山結盟，此時以塞爾維亞為中心的「巴爾幹同盟」於是成立。同時，並對建立一個獨立國家進行討論，希望建立一個「三元制」國家。

1867　塞爾維亞與保加利亞爭取獨立建國運動，並建立一聯合

體系。

1868	希臘與羅馬尼亞已相繼加入「巴爾幹同盟」。不過，保加利亞卻意圖佔領馬其頓，導致保、塞關係緊張矛盾。
1870	保加利亞發動民族主義運動。
1875	黑塞哥維那率先發動反鄂圖曼帝國運動。
1876	保加利亞起義，塞爾維亞和黑山對鄂圖曼宣戰。是年，在奧匈帝國調停下，簽訂《巴黎條約》。
1877	俄國對土耳其宣戰。土耳其在俄土戰爭中大敗，被迫簽訂《聖·斯特凡諾條約》。
1878	3 月，俄、土簽訂《聖·斯特凡諾條約》。隨後在英、奧兩國的反對下，在 6、7 月召開柏林會議，重新簽訂《柏林和約》。塞爾維亞獲得國際認同，成為真正獨立的國家。
1882	塞爾維亞國會宣告塞爾維亞由公國改為王國。
1885	塞爾維亞決定以武力解決與保加利亞領土的糾紛。
1908	奧國、俄國和英國針對馬其頓展開一系列外交活動，加速斯拉夫民族對土耳其的革命運動。
1912	保加利亞與塞爾維亞率先達成祕密協議，最後形成希臘、保加利亞、塞爾維亞與黑山四國同盟。此外，並合力將土耳其勢力逐出巴爾幹半島，遂爆發第一次巴爾幹戰爭，結果由四國同盟獲勝，並在是年 12 月簽訂停戰協議。
1913	土耳其在德國支持下，重新獲得政權，其強硬態度引起巴爾幹四國同盟的不滿，並在 2 月 3 日恢復對土的軍事行動。其後在歐洲列強要求停戰下，簽訂停戰協議，並保證保加利亞、塞爾維亞等國的利益。
1914	6 月 28 日，一名塞裔的波黑青年普林西普刺殺奧匈皇儲

斐迪南大公，引發奧匈帝國強烈不滿。

7 月 28 日，奧匈帝國向塞爾維亞宣戰，引發第一次世界大戰。

1915　保加利亞加入同盟國，而義大利則加入協約國。

1917　俄國的「十月革命」影響戰況，促使協約國獲得最後的勝利。

1918　美國總統威爾遜提出《十四點和平計畫》，開啟民族自決大門。其間，克羅埃西亞、斯洛文尼亞、波黑等地都發生反抗奧匈帝國的兵變。由於美國的參戰，1918 年的下半年，協約國佔上風並陸續簽訂停戰協議，結束第一次世界大戰。

12 月 1 日，南斯拉夫在亞歷山大一世國王宣布下正式統一，並稱國家為「塞爾維亞－克羅埃西亞－斯洛文尼亞王國」。

1919　6 月 28 日，參戰國家在巴黎凡爾賽宮簽訂和約。

1929　亞歷山大一世國王下令廢除議會政治，改行君主獨裁，並將國名改為「南斯拉夫王國」。

1931　頒布新憲法。

1934　亞歷山大一世遇刺身亡。

1937　狄托接掌共產黨。

1941　狄托帶領民族解放軍。

南斯拉夫加入軸心國。

1943　在反法西斯聯盟大會中，決定未來南斯拉夫是一個由六個共和國組成的聯邦國家。

1945　3 月，流亡政府組成。

11 月 29 日，聯合政府獲得英國、美國與蘇聯承認，建立「南斯拉夫聯邦人民共和國」。

1946	1 月，通過第一部新憲法。
1948	南斯拉夫與蘇聯分裂。
1952	南斯拉夫共產黨更名為「南斯拉夫共產主義者聯盟」，簡稱南共聯盟。
1958	頒布〈修正主義綱領〉。
1961	不結盟國家於貝爾格萊德舉行首次高峰會議。
1979	2 月 20 日，科索沃阿爾巴尼亞族礦工大罷工，抗議塞爾維亞共和國修憲，企圖削弱科省自治權。
	12 月 11 日～13 日，克羅埃西亞共黨聯盟召開第十一次代表大會，克共聯盟中央主席團主席斯‧司托伊切維奇在報告中主張實行多黨制。
1980	5 月 4 日，狄托逝世。
1981	科索沃暴動。
1989	3 月 6 日，斯洛文尼亞共黨聯盟中央主席團主張結束一黨制，實行多黨制。23 日，塞爾維亞透過修憲限制科索沃自治權。
	9 月 27 日，斯洛文尼亞共和國國會通過憲法修正案，宣布該共和國有脫離聯邦的權力。這在南斯拉夫引起嚴重爭論。
1990	1 月 22 日，召開中央委員會，修改憲法，實行多黨制，並允許非共政權成立。
	南斯拉夫因內部掀起民主化聲浪終告分崩離析。
	7 月 3 日，斯洛文尼亞宣布完全自主。

12 月 23 日，斯洛文尼亞舉行公民投票，百分之八十八點二贊成獨立。

1991　3 月，科索沃省境內阿爾巴尼亞裔人民要求獨立，隨即遭到塞爾維亞總統米洛塞維奇下令鎮壓。

5 月 19 日，克羅埃西亞舉行公民投票，百分之九十四的選民支持克國脫離南斯拉夫聯邦獨立。

6 月 25 日，斯、克兩共和國同時宣布脫離聯邦獨立，南斯拉夫社會主義聯邦共和國解體。27 日，南國爆發內戰。

8 月 8 日，歐安會三十五國代表在布拉格為解決南斯拉夫危機舉行緊急會議，強調不允許在南國用武力達到政治目的。

9 月，科索沃民主聯盟主導的阿族地下政府正式發表〈科索沃獨立宣言〉。

9 月 8 日，馬其頓共和國舉行公民投票，百分之九十的選民贊成獨立。25 日，聯合國安理會通過對南斯拉夫禁運武器的決議，呼籲各方以和平方式解決爭端。

11 月 8 日，聯合國決議對南國實施經濟制裁。20 日，南斯拉夫馬其頓共和國宣布獨立。

12 月 23 日，德國率先承認斯、克兩國的獨立，歐洲共同體成員相繼跟進。

1992　塞爾維亞與黑山兩共和國，另建一個聯邦國家，稱為「南斯拉夫聯邦共和國」。

克羅埃西亞舉行總統、國會大選。

斯洛文尼亞舉行總統大選、國民院選舉。

3 月，波黑內戰爆發。

	5 月 22 日，斯洛文尼亞、克羅埃西亞和波士尼亞獲准成為聯合國會員國。
1993	1 月，馬其頓提出申請加入聯合國。
	4 月 7 日，馬其頓獲准加入聯合國。
	8 月 20 日，歐文和史托登柏提出一項折衷和平計畫，由波黑衝突三方各自制憲，組成聯盟國家。
	斯洛文尼亞獲准加入歐洲理事會。
1994	斯洛文尼亞舉行國會大選。
	馬其頓舉行總統、國會大選。
	10 月 30 日，斯洛文尼亞加入世界貿易組織。
1995	9 月，波黑衝突各方於日內瓦取得共識，承認波黑獨立的地位。
	11 月，波黑衝突終告停止，結束三年八個月的戰爭。
	12 月，交戰各方在巴黎簽署和約——《岱頓協定》，使南聯盟擺脫制裁並決定波黑命運。
	克羅埃西亞舉行國會大選。
	斯洛文尼亞積極謀求加入歐盟。
	馬其頓獲准加入歐洲理事會。
1996	斯洛文尼亞舉行國民院大選。
	波黑舉行總統大選。
	斯洛文尼亞申請加入歐盟。
1997	克羅埃西亞舉行總統大選。
1999	1 月 27 日，馬其頓與臺灣建交。
	3 月 24 日，北約組織對南斯拉夫聯盟共和國持續展開長達七十八天的空中轟炸行動。

12 月，涂吉曼病逝。

2000　南斯拉夫修改憲法，其總統改為人民直接選舉。

10 月 7 日柯斯圖尼查正式宣誓就任南聯盟總統。

10 月 8 日柯斯圖尼查應邀前往法國參加歐盟非正式高峰會議。隨即，歐盟宣布解除對南聯盟的石油禁運和禁飛等制裁，同時承諾提供兩億歐元幫助其重建。

克羅埃西亞舉行國會大選。

斯洛文尼亞舉行國民院大選。

克羅埃西亞加入世界貿易組織。

南聯盟以新會員國身分加入聯合國。

2001　馬其頓西部的阿族人開始武裝叛亂，馬國爆發短暫的內戰，後來雙方於 6 月在歐盟官員的調停下達成停火協議，阿族同意放下武裝，馬國同意給予阿族人更多權力，之後馬國國內民族關係有一定的改善。6 月米洛塞維奇被送往海牙國際刑事法庭接受審判，成為第一位被引渡至海牙國際刑事法庭受審的卸任總統。

2002　2 月，塞黑兩國決定放棄「南斯拉夫」的名稱，把南斯拉夫改成一個非常鬆散的聯邦。

3 月 5 日，南聯盟舉行塞、科地方議會選舉，推舉出阿裔溫和派領袖魯戈瓦出任議會主席。

2003　2 月 4 日，南聯盟的國家名稱正式改為「塞爾維亞與黑山」，新憲法同時生效。

4 月 4 日，馬其頓加入世界貿易組織。

2004　3 月，斯洛文尼亞加入了北約組織。

5 月 1 日，斯洛文尼亞加入歐盟。

　　7 月 12 日，黑山國會通過採用新的國旗、國慶日以及國歌，以推進獨立進程。

　　馬其頓申請加入歐盟。

2005　克羅埃西亞未能成功的加入歐盟，僅能與歐盟保持密切聯繫。

2006　2 月 20 日，國際社會就科索沃獨立問題展開斡旋。

　　3 月 11 日，米洛塞維奇被發現病故於海牙羈留中心牢房。

　　5 月 21 日，黑山舉行有關獨立的全民公投，支持獨立的選民以 55.4% 的微弱優勢決定終止與塞爾維亞的聯邦關係，此前歐盟宣布獨立派需要超過 55% 的門檻，歐盟才會接受投票的結果。

　　6 月 3 日，黑山議會正式宣布獨立。

　　6 月 5 日，塞爾維亞國會亦宣布獨立並且成為塞爾維亞和黑山聯邦的法定繼承國，塞黑聯邦因此解散。

　　6 月 28 日，黑山正式加入聯合國。

　　9 月 10 日，黑山共和國舉行獨立後首次議會和地方選舉。

2007　1 月，斯洛文尼亞正式啟用歐元。

　　2 月 21 日，斯洛文尼亞成為《申根公約》簽署國。

2008　2 月 17 日，科索沃議會通過〈獨立宣言〉，宣布脫離塞爾維亞，並獲得了七十六個國家的承認。

　　7 月 21 日，卡拉季奇在貝爾格萊德被捕，7 月 30 日被引渡至海牙受審。

2009　斯洛文尼亞加入北約組織。

2010　7 月 22 日，國際法院裁定科索沃宣布脫離塞爾維亞獨立，並不違反國際法。

2011　　5 月 26 日，塞爾維亞總統塔迪奇宣布，在首都貝爾格萊德北方小鎮逮捕了十六年來隱姓埋名的前塞爾維亞將領穆拉迪奇 (Ratko Mladic)，並且在 6 月 1 日將他引渡至海牙國際刑事法庭受審。

　　　　7 月 20 日，前克羅埃西亞塞族領導人哈季奇被捕，並於 22 日移送海牙國際刑事法庭。

2012　　3 月 1 日，塞爾維亞取得歐盟候選國地位。

　　　　4 月 29 日，黑山加入世界貿易組織。

2013　　克羅埃西亞加入歐盟。

　　　　2 月 6 日，塞爾維亞總統托米斯拉夫‧尼科利奇和科索沃總統阿蒂費特‧亞希雅加於比利時首都布魯塞爾會面，在這次會談中雙方除了同意彼此與歐盟皆保持一定互動關係外，也同意派遣聯絡官前往對方首都以方便之後進行交流。

　　　　4 月 19 日科索沃和塞爾維亞雙方政府正式達成協議，其中塞爾維亞承認科索沃對於科索沃北部塞族地區擁有管轄權，但是仍然拒絕承認科索沃獨立；而科索沃則允許北科索沃地區的塞族擁有自治權，且塞爾維亞得以協助其建立獨立的警察與司法機構，這項協議得以讓雙方關係更為正常化。

2015　　5 月，已有一百零八個聯合國會員國對科索沃予以承認，並與其中七十一國正式建交。

　　　　12 月 2 日，黑山加入北約組織。

2016　　1 月，馬其頓總理格魯埃夫斯基因監聽醜聞下臺。

　　　　3 月 24 日，海牙國際刑事法庭以「危害人類罪」、「戰爭

罪」、等罪名，判處卡拉季奇終身監禁四十年。

4 月 24 日，塞爾維亞舉行議會選舉，由總理武契奇領導的塞爾維亞進步黨 (SNS) 贏得大選。

2017　　5 月 31 日，武契奇任職塞爾維亞總統。

11 月 22 日，海牙國際刑事法庭宣布，判處前塞爾維亞總理穆拉迪奇無期徒刑，終身監禁。

2018　　4 月 15 日，黑山舉行總統大選，由前總理朱卡諾維奇當選

5 月 22 日，馬其頓前總理格魯埃夫斯基被以「非法監聽」等罪名，處判監禁兩年。9 月 9 日二審維持原判，隔日格魯埃夫斯基流亡國外，獲匈牙利當局允許，取得該國政治庇護。

6 月 17 日，馬其頓總理柴伊夫、希臘總理齊普拉斯共同簽訂《普雷斯帕協議》，希臘同意馬其頓更名為「北馬其頓共和國」，結束兩國長達約 27 年的國名爭議。

12 月 14，科索沃議會通過決議，將國家安全部隊升格為正規國防軍。

2019　　2 月，馬其頓正式更名為「北馬其頓共和國」，並獲准加入北約。

參考書目

中文部分

吉邦 (Gibbon, Edward)，《羅馬帝國衰亡史》，臺北：志文，2003。

李邁先、洪茂雄，《東歐諸國史》，臺北：三民，2002。

吳興東，《奧斯曼土耳其歷史》，臺北：國立政治大學東方語文學系，1993。

吳興東，《土耳其共和國史》，臺北：國立政治大學東方語文學系，1995。

杜賽利爾 (Ducellier, Par Alain)，《拜占庭帝國與東正教世界》，臺北：編譯館，1995。

洪茂雄，《東歐變貌》，臺北：時報文化，1991。

陳志強，《拜占庭帝國史》，北京：商務印書館，2003。

鄭學稼，《南斯拉夫史》，新北：帕米爾，1985。

魏爾茲 (Wells, Colin)，《羅馬帝國》，臺北：臺灣商務，2004。

博日奇 (Bzi, Ivan)，《南斯拉夫史》，北京：商務印書館，1984。

凱普蘭 (Kaplan, Michel)，《拜占庭——燦爛的黃金時代》，臺北：時報文化，2003。

外文部分

Lampe, John R., *Balkan Economic History, 1550～1950: From Imperial*

Borderlands to Developing Nations, Bloomington: Indiana University Press, 1982.

Stoianovich, Traian, *Balkan Worlds: the First and Last Europe*, Armonk, NY: M.E. Sharpe, 1994.

Jelavich, Charles, *The Balkans*, Englewood Cliffs, N.J.: Prentice-Hall, 1965.

Stavrianos, Leften Stavros, *The Balkans, 1815～1914*, New York: Holt, Rinehart and Winston, 1963.

Heinzelmann, *Tobias, Osmanli Karikaturunde Balkan Sorunu, 1908～ 1914 = Die Balkankrise in der osmanischen Karikatur: die Satirezeitschriften Karagoz, Kalem und Cem, 1908～1914*, Istanbul: Kitap Yayinevi, 2004.

Jelavich, Barbara, *Russia's Balkan entanglements, 1806 ～ 1914*, Cambridge, New York: Cambridge University Press, 1991.

Madge, Phillips, *Toma evic*, Yugoslavia, Belgrade: Jugoslovenska Revija, 1990.

Noel, Malcolm, *Kosovo: A Short History*, London: Papermac, 1998.

Noel, Malcolm, *Bosnia: A Short History*, London: Papermac, 1996.

Misha, Glenny, *The Balkans, 1804～1999, Nationalism, War and the Great Powers*, London: Granta Books, 2000.

Stephen White, Judy Batt, & Paul G. Lewis, *Developments in East European Politics*, London: The Macmillan Press, 1993.

Savo, Klimovski, *Politics and Institutions*, Taipei: Linking Publishing Co., 2000.

Roger, East, *Revolutions in Eastern Europe*, London: Pinter Publishers

Limited, 1992.

Stephen, Fischer-Galati, *20th Century Rumania*, New York: Columbia University Press, 1991.

Rudiger Dornbusch, Wilhelm Nölling, & Richard Layard, *Postwar Economic Reconstruction and Lessons for the East Today*, London: The MIT Press, 1993.

H. Hanak, *Soviet Foreign Policy Since the Death of Stalin*, London and Boston: Routledge & Kegan Paul, 1972.

Paul, Diels, *Die Slavischen Völker*, München: Otto Harrassowitz · Wiesbaden, 1963.

Josef, Matl, *Europa und Die Slaven*, München: Otto Harrassowitz · Wiesbaden, 1964.

Paul, Lendvai, *Der Rote Balkan-Zwischen Nationalismus und Kommunismus*, Frankfurt am Main: S. Fischer Verlag, 1969.

Otto, R. Ließ, *Südosteuropa: Befund und Deutung*, Wien: Wollzeilen Verlag, 1968.

Zweite Aiflage, *Bosnien-Herzegowina*, Sarajevo: Svjetlost, 1986.

圖片出處：Erich Lessing: 4, 5, 12; akg-images: 6, 13, 24, 37, 41; Reuters: 28, 57, 58, 59, 60; Hulton-Deutsch Collection/CORBIS: 38; Yevgeny Khaldei/CORBIS: 40; Peter Turnley/CORBIS: 47; CORBIS SYGMA: 48, 56; David Turnley/CORBIS: 52; Antoine Gyori/CORBIS SYGMA: 55。

國別史叢書

俄羅斯史——謎樣的國度

俄羅斯為何有能力以第三羅馬自居？俄羅斯為何得以成為世界上領土最大的國家，在二十世紀後半期與西方的山姆大叔分庭抗禮？且看此書為您盡數這隻北方大熊的成長與奮鬥。

波蘭史——譜寫悲壯樂章的民族

十八世紀後期波蘭被強鄰三度瓜分，波蘭之所以能復國，正顯示波蘭文化自強不息的生命力。二十世紀「團結工會」推動波蘭和平改革，又為東歐國家民主化揭開序幕。波蘭的發展與歐洲歷史緊密相連，欲了解歐洲，應先對波蘭有所認識。